분꽃

분꽃

김재희 수필집

수필과비평사

머리말

글은 내 생의 고백이었습니다.
누군가에게 말하고 싶은 이야기인가 하면
혼자만의 독백이기도 했습니다.
더러는 꼭꼭 숨기고 싶은 이야기를 살며시 내보이기도 했고
세상 사람들이 다 알고 있는 일을
나 혼자만 알고 있는 이야기인 양 우쭐대기도 했습니다.
글로써 맛보는 대리만족이었지요.
그러면서 세상과 소통했습니다.

글로 인해 찾아온 작은 불빛,
이 작은 불빛은 제 생을 버티게 해준 원동력입니다.
집안의 불씨를 꺼트리지 않으려 노력했던 옛 여인들의 정성처럼
내 마음에 지펴진 글의 불씨를 잘 지켜야겠습니다.
세상 어느 한구석에서 깜박거리는 존재로 남았으면 좋겠습니다.

2025년 11월

김재희(본명 김재규)

차례

머리말 — 005

1부

015 … 그림자로 보는 동양화
019 … 돌탑을 쌓으며
023 … 길
028 … 모래밭
032 … 민들레 홀씨 되어
036 … 사구
040 … 피할 수 없는
045 … 즐기는 문학인

2부

나는 장승이다 ⋯ 053
자리의 가치 ⋯ 059
바이러스 ⋯ 064
운간초 ⋯ 069
반란 ⋯ 073
애물단지를 껴안고 ⋯ 078
말의 느낌표 ⋯ 082
지금 어디쯤 가시나이까 ⋯ 087

3부

095 ··· 분꽃

102 ··· 한란寒蘭의 품격

106 ··· 마중지봉麻中之蓬

111 ··· 동강을 따라서

117 ··· 산책길에서

122 ··· 쇠백로

126 ··· 장화

129 ··· 하얀 그림자

4부

빗물소리 들으며 … 135
까치의 울음 … 140
저녁노을 … 144
동動 … 149
빙하의 침묵 … 152
언덕폭포 … 156
에펠탑 … 162
파이프오르간 … 167

5부

173 … 해당화

177 … 민낯

182 … 8봉을 건너다

187 … 안개 늪에 빠지다

192 … 도다리와 쑥이 만나면

196 … 눈물

202 … 섬길

6부

산행일지
백두대간을 걸으며 2

삼도봉에서 우두령까지 … 215

우드령에서 괘방령까지 … 219

괘방령에서 추풍령까지 … 223

추충령에서 작점고개까지 … 226

작품해설

잘 발효된 통증과 문학적 부력의 등가성 … 234

김 영(시인, 문학평론가)

1부

산목련

그림자로 보는 동양화

매년 겨울, 우리 집 거실은 커다란 화선지로 변한다. 한겨울 햇볕이 거실 깊숙이 파고들어 와 자리를 잡으면 베란다에 있는 식물들이 그림자로 그림을 그린다. 꽃눈, 잎눈이 통통하게 여문 매화나무 가지가 중심을 잡고 그 밑에 자리한 춘란잎이 시원하게 선을 그어 놓는다. 그 그림은 시간이 변하면서 점점 다른 모양으로 변한다.

어디 그뿐이랴. 일 년여 동안 양분을 축적하던 보세란이 꽃대를 밀어 올려 봉긋이 입을 연다. 정숙한 여인답게 고개를 살짝 숙인 단정한 모습이다. 그 정갈함은 어느 것과도 비교가 되지 않는다.

색이 지나치게 화려하지도 않으며 행여 누군가의 눈요기가 될까 봐 내면에서 품어 나오는 향을 꾹꾹 누르느라 아래만 내려다본다. 그러니 그 꽃을 일부러 찾아 나서지 않으면 쉽게 눈에 띄지 않는다. '어디서 이런 향이 날까?' 하고 두리번거리다 보면 살짝 보인다. 그래서 사람들에게 사랑받기가 쉽지 않은 모양새다. 다만 이런 분위기를 좋아하는 사람들의 마음에만 살짝 들어앉는 꽃이다.

어찌 생각하면 어지러운 현실에 눈감아 버리고 가부좌跏趺坐를 하고 앉아 있는 사람의 마음 같은 꽃 같기도 하고 그저 가소로운 세상이라고 무시해 버리고 싶은 사람 마음 같기도 한 꽃이다. 그만큼 도도한 꽃이다.

그 도도함이 좋다. 내가 좋아하는 꽃은 주로 겨울 추위에 강하고 도도함이 느껴지는 꽃들인데 시클라멘도 그중의 하나이다. 시클라멘의 꽃잎은 토끼가 귀를 쫙 펴 올려

붙인 모양새다. 분위기가 보세란과는 정반대이다. 고개를 뻣뻣이 젖히고 피어 있는 모양이 어쩌면 그리 도도하고 쌕시한지 그 자태가 은근히 부러운 존재다. 그림자도 매력이 있다. 그 도도한 것이 매화나무 가지에 살짝 기대어 있는 듯이 보인다. 아니, 매화나무 가지가 찬바람 속에서 견뎌야 하는 것들을 지켜보며 버팀목이 되어 주는 것 같다.

그런 그림이 그려져 있는 거실에 앉아 있으면 세상 부러운 것이 없다. 모든 것이 좋아 보이고, 다행이다 싶고, 더 이상을 바라는 것은 지나친 욕심이라며 느긋해진다. 인생 후반의 시기에서 이런 생각이 드는 것도 참으로 큰 복이리라.

이제 별걱정 없는 평탄한 생활이 오히려 무기력하게 되어 버릴까 하는 염려가 되기도 하지만 이대로 편안한 마음으로 생활하는 것이 그리 나쁘지는 않다. 한창나이 땐 이리 시간을 허술하게 보내는 것이 마치 실패자나 되는 양 요란을 떨기도 했던 것 같다. 그런다고 해서 생각대로 잘 되지는 않았던 걸 보면 삶의 좌표는 그리고 싶은 대로 그릴 수 있는 것이 아니었다. 아무리 발버둥질해도 안 되는 일 앞에서는 어쩔 도리가 없었지 않았던가.

그런데 이제는 어찌 보면 체념한 것 같지만 작은 일 하나에도 감사하다는 생각이 들면서 여유로워진다. 이것이 나이 먹을 만큼 먹었다는 증거일까. 이런 마음이라면 나이 지긋한 것이 그리 서럽지만은 않다. 오히려 이만하면 잘 살아왔다는 생각으로 풍만해진다. 이 나이 되어보니 예전에 할머니께서 하셨던 말씀들이 이해되고 공감이 간다. 이제는 스스로 그동안 잘 살아왔다고 토닥여주고 싶다. 그리고 좀 느슨하게 살아야겠다. 할 일이 많아도 조금씩 여유 있게 처리하고 사람들과의 관계도 좀 모자란 듯 뒤로 물러나는 아량을 품어야겠다. 남은 생은 그렇게 정갈하게 다듬어 보리라

그러다 보면 나도 거실 바닥에 그려진 동양화 속에 한 획으로 남을 수 있지 않을까?

돌탑을 쌓으며

모양이 다양하다. 올려지는 돌 모양이나 색깔에 따라 아주 특이한 모습의 돌탑들이다. 수많은 사람의 얼굴이 똑같지 않듯, 그 많은 돌탑도 똑같은 것이 없다. 장마 때 큰물이지면 다 쓰러져 없어져 버릴 텐데도 이렇듯 많은 돌탑이 있다는 것은 자꾸 새로운 돌탑이 세워진다는 것이고 그만큼 사람들의 마음에 소망이 많다는 것이리라.

비록 작은 돌멩이들의 탑이지만 경건해 보였다. 나도 하나 쌓아봐야겠다는 마음이 절로 일었다. 밑바닥에는 조금 크고 넓은 돌을 놓고 차례대로 조금씩 작은 돌을 골라 올렸다. 아무 돌이나 마구 올려서는 안 된다. 되도록 넓적해서 다음 돌을 올릴 수 있는 자리를 만들어가면서 쌓아야 한다. 차곡차곡 쌓아 올리다 마지막에 둥글고 예쁜 돌로 마무리를 했다. 언제 없어질 줄 모르겠지만 당분간은 내 소원의 탑으로 마음속에 자리할 것이다.

후에 다시 찾아가 본들 내가 쌓았던 돌탑을 찾을 수 없을 것이며 언젠가는 없어져 버릴 것이다. 그래도 쌓아 놓았다는 사실만은 언제나 내 마음속에 간직되어 있으리라. 그것이 바로 마음 공양 아닐까. 특별히 어느 종교에 심취하지 못하는 성격이지만 막연한 신앙심이 있다는 것은 인간의 본능일 것이다. 아니, 어쩌면 나약한 인간이기 때문인지도 모른다. 남 앞에서는 당당한 척, 원만한 척하지만 기실은 누군가에게 의존하고 싶은 마음이 더 강하게 작용하고 있는 것이리라.

아직은 그 여운이 남아 가끔 돌탑 사진을 들여다본다.

돌멩이 숫자를 세어보니 8개이다. 이왕이면 10개를 올릴 걸 그랬다. 우리 가족이 10명이니 그랬으면 좋았을 텐데 싶다. 아니면 우리 두 부부는 빼고 자식들 숫자만 올렸다고 생각할까? 왜 그런 것들을 미리미리 생각하지 못하고 아쉬워하는 걸까. 아무것도 아닌 것 가지고 생각이 깊다.

이것도 나이 들어가는 증거인가 싶다. 언제부턴가 자꾸 나이를 의식하게 된다. 아직은 좀 더 활동하고 싶고 즐기고 싶은데 몸은 자꾸 무거워지는 느낌이 든다. 어디를 가든 내가 운전하고 싶고 무조건 나가고 싶었는데 이제 자꾸 터덕거리는 것 같다. 그래도 아직은 운전대를 놓고 싶은 마음이 없다는 것이 다행일까?

그러고 보니 그 돌탑 쌓을 때 내 건강 먼저 빌 것인데 싶다. 내 건강 나빠지면 그 누가 나를 챙길 것이며 달가워할 것인가. 그 누구보다도 나 자신이 중요한 것이거늘 늘 나는 뒷전이었다. 이제 뒷전에서 앞으로 모셔 와야 할 듯싶다. 나 먼저 챙기고 나서 주위를 돌아다봐야겠다는 생각이 앞선다. '그래, 이제 내가 나를 챙기자' 싶어 처음으로 나를 위한 건강식을 사 보았다. 꼭꼭 챙겨 먹으리라 다

짐을 한다. 돌탑 쌓은 보람이 있다 싶다.

또 다른 소망을 든다면 어떤 것이라 할까. 글에 대한 욕심을 부려 봐도 좋을까. 지금 이 시점에서 나에게 삶의 가치를 부여해 주는 것은 글쓰기이지 싶다. 좀 더 좋은 글을 쓸 수 있는 여력이 생긴다면 좋겠다는 생각도 무시할 수 없다. 이 정도면 먹고 사는 데는 걱정할 것 없으니 정신적인 면에서 풍요로워질 수 있는 것을 찾고 싶다. 그런 면에서 나는 제대로 갈 길을 잘 찾은 듯싶다. 비록 명성을 크게 얻지는 못하지만 나만의 세계를 즐길 수 있는 삶이 아닌가. 그것만으로 충분히 가치가 있다고 생각하고 싶다. 그렇다고 여기에서 안주하기보다는 한 발짝 앞서가려는 작은 욕심을 부리려 한다.

내가 쌓은 돌탑도 내 이 작은 욕심은 들어주리라.

길

　모든 면에 별 부족함이 없는 삶이기에 그리 아쉬운 것도 미련도 없건만 마음은 왠지 뭔가 모를 허한 감정이 도사리고 있다. 그래서일까. 늘 어딘가로 떠나고 싶어진다.
　계화도 들녘을 찾았다. 눈으로 덮인 하얀 바탕에 점점이 그려진 풍경들이 아기자기하다. 잡다한 색이 뒤섞여지지 않은, 그저 단순한 색으로만 그려지는 풍경이라서 어수선한 생각들이 가지런히 정리가 되는 느낌이다.

눈 때문에 자동차 바퀴 지나간 자리가 선명하게 드러나서 길 위에 또 다른 길이 만들어졌다. 만들어진 길은 운전자의 손길에 따라 모양이 조금씩 굽어지기도 한다.

길 위에 만들어진 길을 보면서 내 생의 좌표를 들추어 본다. 반듯한 곳에 서 있을 때도 있지만 살짝 굽어진 곳에서 방향을 바꿔야만 했던 때도 있었다. 병마와 싸우느라 학업을 포기할 수밖에 없었던 마음의 고통은 육체의 고통보다도 더 깊은 상처였다. 그것은 세상을 보는 눈에 어둠을 드리운 길이 되었다.

표면장력 상태가 되어버린 감정. 행여 그 위에 물 한 방울이라도 얹어지는 경우엔 무너져 내릴 것 같아 안으로만 움켜쥐었던 숱한 날들. 나는 그렇게 환지통(幻肢痛)을 앓고 있었다. 아무리 버리려고 애를 써도 결코 사라지지 않는 상처의 흔적들로 인한 환지통들. 그것들은 긴 세월이 지난 지금도 때때로 내 내면의 깊숙한 곳에서 소용돌이를 친다. 그럴 땐 무조건 먼 길을 나선다.

고개를 들어 먼 곳으로 눈을 돌린다. 아스라한 길 위로 지나온 세월이 묻어난다. 내 의지와는 상관없이 걸어가야만 했던 일들 때문에 일찍부터 철이 들었다. 그래서 또래들보다도 훨씬 어른스럽다는 소릴 들었고 그런 인상으로 남겨졌다. 어쩌면 맏이가 갖추어야 할 기본적인 모습인지도 모르겠다. 그런데 난 왜 그런 내 모습이 그리 달갑지만은 않은 것일까.

더러는 아무것도 모른 체 철없는 아이처럼 살면서 갖고 싶은 것, 하고 싶은 것을 쟁취하기 위해 어리광도 부리고 싶었던 것이리라. 그러나 그런 것과는 달리 언제나 누군가를 다독여 주고 챙겨줘야 하는 위치에서 어른스럽게 살았다.

어쩌면 그것이 세상을 사는 일에 도움이 됐을지도 모르겠다. 그렇지만 그렇게 살았다 해서 나에게 주어지는 혜택이 그리 좋은 것만은 아니었다. 외부로 보이는 면은 좋은 이미지였을지 몰라도 내 내면에선 언제나 손해 보는 듯한 느낌이 드는 경우도 있다. 그러면서도 그 굴레를 벗지 못했던 것은 내게 주어진 운명 같은 것이었으리라. 그러나 그런 운명 때문에 내 생이 크게 억울하거나 서럽지만은 않았다. 어쩌면 그런 어려움이 있었기에 작은 행복도 알차고 값진 삶이라고 생각되기도 했다.

하지만 살다 보면 어찌 만족으로만 이어진 삶이 될 수 있을까. 나름대로 아쉬운 부분도 있었고 더러 후회스러운 것도 있었으니 그리 만만한 세상은 아니었던 듯싶다. 그렇듯 만만한 세상이 아니라는 걸 알았기에 그것에 맞게 살아가는 법을 배우게 되지 않았을까. 어느 때는 내 힘으론 어찌할 수 없다며 운명론자가 되어버린 때도 있다. 그럴 때 너무 안이하게만 사는 것은 아닐까 싶기도 하다. 그렇지만 어쩌랴! 지금의 이 생활에 만족하고 있으니 그것이

다행이라고 생각할 수밖에…….

끝없이 이어진 들판 한가운데 서서 사방을 둘러보니 더 걸어가야 할 길에 대한 막연함에 발걸음이 터덕거린다. 아직도 자신의 결정에 확고하지 못하고 허둥대는 면이 있다니. 살짝 허탈함이 밀려온다.

하지만 그동안 걸어온 길에 대한 일만은 만족하다고 생각하련다. 좋았던, 나빴던 내가 만든 길이다. 비록 아픈 손가락 때문에 남다른 고통을 받기도 했지만 그것 때문에 아프지 않은 손가락에 대한 고마움을 알게 되었지 않았던가. 그렇지 않았더라면 지금의 이 삶에도 아쉬움이 가득하리라.

허점이 있기에 온전함의 가치를 알게 되었다는 사실만으로도 지금의 이 길에 만족하련다.

모래밭

　산뜻한 햇살의 유혹에 이끌려 먼 길을 나섰다. 소나무가 우거진 하동 송림공원에 발길이 머문다. 줄지어 서 있는 소나무 군락 근처에 펼쳐진 넓은 모래밭. 햇살에 반짝이는 하얀 모래밭에 내 마음을 송두리째 펼쳐 놓는다.
　지금껏 살아온 세월이 헛되지는 않았지만 아쉽다는 마음 한 가닥이 초가을 햇살처럼 알싸하다. 햇볕은 왜 그리 반짝이는지. 별로 크지도 않은 눈이 더욱 작아지며 실눈이 된다. 마음조차 작아지는가. 자꾸 나 자신이 못나게만 느껴진다.

새삼 내 마음을 비춰보지도 못한 우둔함이 아쉽다. 엎질러진 물이었다. 그런데 아이러니하게도 그 엎질러진 물이 늘 내 마음 한구석을 촉촉이 적시고 있었다. 그 촉촉함이 있었기에 내 생은 그리 삭막하지 않았다. 삶이 어려울 때도, 마음이 외로울 때도, 건강 때문에 힘들 때도 그 촉촉함이 있어 견딜 수 있었다.

넓은 모래밭에서 메아리가 느껴진다. 나만 들을 수 있는 메아리가 조용히 울린다. 그것은 아직도 내 마음속에 메아리로 존재하는 그 무엇이 있기 때문이리라. 어쩌면 그 메아리에 대한 반응을 보고 싶은지도 모르겠다. 하지만 그 반응이 오지 않아도 좋다. 내 스스로 묻고 스스로 대답하는 것만으로도 족하다. 그래서 내 삶에 윤기가 흐르고 있는지도 모른다.

한낮 뜨거운 모래밭에서 마음을 익힌다. 따뜻해진 마음으로 바라보는 세상은 따뜻하게 보일 거라고. 그러니 어떤 환경에 처해도 따뜻한 마음을 간직하자고, 그래야 한다고······.

이런 마음이 자칫 어긋날지도 모르겠다. 사는 일이 마음 같지 않아서 헛발질 한때가 어디 한두 번이던가. 늘 좋은 것만을 생각하는 마음을 길러보자 하건만 어느 순간 살짝 비켜나가기 일쑤다. 그래도 다시 제자리로 찾아가는 여정이 있기에 아직은 살만할 세상일 것이다.

모래밭은 발이 푹푹 빠져서 걷기가 힘들다. 넓은 모래밭을 마음껏 걸어보고 싶은데 팍팍해진 발걸음이라서 그런지 금세 지친다. 그런데 강물 가까이 쪽은 젖은 모래라서 걷기가 좀 수월하다. 젖은 모래가 더 단단하다.

그러고 보니 내 마음도 저렇듯 젖은 모래인 듯싶다. 내 마음을 촉촉하게 해준 무엇인가가 존재하고 있었기에 내 생을 잘 견디어 내고 있었는지도 모른다. 참 감사한 일이다. 그런 존재가 있다는 것에 감사하고 나 혼자 조용히 즐길 수 있다는 것에 감사하다.

해가 기운다. 애써 익혀 놓은 마음 식을까 봐 발길을 돌린다. 백미러에 비치는 모래밭의 햇살이 계속 내 뒤를 따라온다. 내 마음자락에서 삐져나온 한 줄기 미련인가. 이제 그만 잠재우자고 백미러를 외면한다.

  노곤한 하루를 마무리하며 카메라 속 사진의 밝기를 좀 밝게 고쳐 놓는다. 모래밭이 더욱 하얗게 빛난다.

kbs 뉴스화면

민들레 홀씨 되어

　내가 산책하는 전주천변에는 민들레가 지천이다. 꽃은 이미 지고 홀씨가 여기저기서 바람을 기다리고 있다. 더러는 다 날려서 꽃대만 앙상하게 남아 있기도 하고 더러는 아직 그대로 있다.
　장난삼아 입으로 훅 불어 보니 겨우 몇 발짝 건너로 떨어진다. 괜한 짓을 했나 싶어 미안하다. 저들은 더 멀리 날아가고 싶어서 거친 바람을 기다리고 있는지도 모르는 데 말이다. 손으로 옮겨줄까 싶다가도 그것은 더욱 아닐 것이다. 민들레 홀씨는 바람으로 이동해야만 제격 아니겠 는가.

바람에 실려 훨훨 날아가는 모습을 보고 있노라면 황홀 한 느낌이 든다. 못다 이룬 꿈을 다시 꾸는 것 같기도 하 고 또다시 도전해 봐도 좋을 것 같은 마음이기도 하다. 그 러면서 먼 추억여행을 한다.

아직도 민들레 홀씨가 되어보고 싶은 마음은 어인 일인 지 모르겠다. 이제 인생을 정리할 나이에 무엇을 바라고 또 다른 삶을 원하는지. 그렇다고 무슨 뚜렷한 목적이 있 는 것도 아닌데 말이다. 그래도 꿈을 품고 있는 마음은 언 제나 싱싱한 오뉴월 빛이었다. 그런 마음마저 없었다면 내 생이 얼마나 삭막했을까.

민들레 홀씨처럼 어딘가로 날아가고 싶다. 어딘가에서 다른 삶을 살 수도 있을지 모르겠다. 정말 내 감정에 충실 한 그런 삶 말이다. 타인을 위한 삶이 아니라 오롯이 나 자신을 위한 삶을 동경한다면 오만일까? 어쩌면 터무니없는 공상이리라. 설령 채울 수 없어 허망할지라도 굳이 그 꿈을 지우고 싶은 마음은 없다. 그냥 마음 가는 대로 느끼고 싶은 감정이다.

타인에게 피해를 주지 않는 선에서 마음의 풍요를 누린다면 그리 탓할 일을 아니리라. 내 삶에 윤기를 불어넣어 주었던 소소한 감정 하나, 긴 세월 품고 있었던 그 작은 감정 하나가 나를 지탱하게 해 주었다. 그 촉촉한 감정이 내 생의 윤활유가 되어 주었기에 내 삶에 더욱 충실할 수 있었다면 그것만으로도 충분히 고마운 일이다.

채워지지 않는 것에 대한 아쉬움이 있었기에 뭔가를 찾고자 수없이 많은 갈등을 겪었다. 나의 내면에 그런 굴곡이 있었기에 삶의 질곡을 이해하게 되었고 그로 인해 타인의 삶을 이해하는 데도 도움이 되었다. 내 굴곡의 각도만큼 상대방의 굴곡이 보인다. 그러기에 서로 주고받는 말이 없어도 상대를 이해하고 공감할 수 있는 조용한 소통을 하기도 한다. 어쩌면 겉으로 수다스러운 관계보다 더 진한 관계가 형성된 것인지도 모른다. 이만하면 내 삶이 그리 어설프거나 허망하지는 않은 듯하다. 그런 면에서 나는 이 허기진 마음을 그리 탓하지 않으련다.

　오늘도 민들레 홀씨가 되고 싶은 가슴에 손을 얹고 헛헛한 마음을 잠재운다.

사구

실망이 앞섰다. 한참을 돌아다녀도 고운 모래가 아니었다. 내가 상상했던 그런 모습이 아니어서 괜히 먼 길을 왔다는 생각이 들었다. 그저 흔한 바닷가에서 보는 것 같은 모래밭에는 군데군데 풀들이 나 있었고 이런저런 쓰레기들과 사람들 발자국이 난무했다.

어디를 가나 몇 사람의 무지가 이맛살을 구긴다. 그런

곳을 찾을만한 사람이라면 규칙쯤은 지켜야 할 텐데 왜 그런 행동들을 하는지 이해하기 힘들다. 아무튼 그곳에 발 디디는 첫인상부터가 탐탁지 않았다. 그래도 외면할 수는 없었기에 계속 걸었다. 몇 개의 둔덕을 넘어설 때마다 혹시나 하는 기대를 해 보지만 실망이 연속이었다. 하지만 여행이라는 것이 어찌 좋은 장면만 볼 수 있는 것이던가. 여행 그 자체에 의미를 둔다면 그리 서운해할 일도 아니다 싶다.

몇 개의 둔덕을 넘을 때마다 각기 다른 모양을 보았다. 어느 것은 부드러운 곡선으로 이어졌고 어느 것은 갑자기 휘몰아친 모습으로 경사를 이루기도 했다. 각각의 모양을 보면서 바람의 종류를 생각해 보게 되었다. 이런 곳에서도 세상사의 굴곡이 어려있다는 생각이 들었다.

부드러운 곡선이든, 휘몰아친 경사든 나름대로 의미가 있을 터이다. 그 강도나 세기가 다를지언정 만들어지는 과정이 그리 단순하지는 않았으리라. 바람이 부는 횟수만큼의 움직임이 더해졌을 것이고 바람이 부는 방향에 따라 결이 달라졌을 것이다. 어쩌면 그것이 당연한 것이고 흔히 알고 있는 평범한 것일지도 모른다. 하지만 사람들은 그 평범한 것의 의미를 깊이 알려고 하지 않는다.

그저 평범한 것이 진리라 했다. 그런데도 사람들은 특별한 무엇인가를 찾곤 한다. 그 특별함이 자신에게 어떤 의미가 있든 없든 의식은 그런 쪽으로 흘러간다. 그러다 보니 자신에게 없는 특별함을 찾으려 애써 헛된 망상을 꿈꾸곤 한다. 물론 그런 특별함을 찾아내어 발전하면 좋겠지만 그 정도가 지나치면 자신을 해치는 결과를 낳게 되지 않던가.

그렇게 끝나는가 보다 하고 되돌아 나오다 보니 마지막 끝 부문에 작은 둔덕 하나가 보였다. 사구의 맨 끝부분이라서 사람들의 눈에 잘 뜨이지 않을 법한 곳이었으나 이왕에 왔으니 끝까지 돌아보자는 마음으로 그곳으로 발길을 돌렸다. 발걸음이 터덕거리기는 했지만 어느 한 곳을 빼먹으면 나중에 후회할 것 같았다.

길을 휘돌아 막 들어서면서 뜻밖의 풍경에 '와!' 소리가 절로 났다. 참으로 고왔다. 내가 찾던 풍경이 여기에 있었구나 싶다. 그리 큰 둔덕은 아니었지만 그렇게 고울 수가 없다. 어느 한 군데 흠집 하나 없었다. 바람이 지나간 흔적도 없어 보였다. 거대한 흑색 벽지 하나가 펼쳐져 있는 듯했다. 감탄의 소리도 내지 말아야겠다는 생각이 들었다. 그 음파가 지나가면 흠집이 생길 것 같은 여리디여린 모습의 모래벽이다.

  그 많은 모래알이 어쩌면 저리도 한결같이 고운 모습으로 뭉쳐 있을까. 몇 사람만 모이면 어지럽게 얽혀드는 인간들과는 감히 견주어 볼 수 없는 비단결이다. 그 비단길 앞에서 왠지 모를 거리감이 느껴졌다. 저리 고운 모습 앞으로 선뜻 나설 용기가 없다. 그래도 곁눈질하듯 조심스럽게 다가가 보았다. 비록 닮을 수는 없겠지만 그 기운만은 받고 싶었다. 터무니없는 욕심일지 모르겠지만 앞으로 남은 생을 위한 보너스로 받을 수 있다면 좋지 않겠는가. 그렇게 받은 기운은 또 다른 이에게 전해 주어도 좋을 터이다. 이루기 어려운 꿈이겠지만 희망을 품어 본다.

피할 수 없는

광활하다.

이리저리 둘러보아도 거의 끝이 잘 보이지 않는 면적에 갈대들이 넘실댄다. 하늘엔 몇 마리의 독수리가 우아하게 날개를 펼친 채 제 구역을 둘러보는 듯 빙빙거리고 수로엔 수달들이 헤엄을 즐긴다. 인기척에 놀랐는지 몇 마리의 고라니가 경주하듯 후다닥 몸을 숨기고 꿩 무리가 갑자기

푸드덕거리며 자리를 옮긴다.

새만금 방조제가 생긴 이후로 변화된 갯벌의 모습이다. 봉화산 밑까지 들고 날던 바닷물이 점점 좁아들면서 펄 속에 살던 바다생물들은 모습을 감추고 바람 따라 하늘거리는 갈대들만 무성하다. 전망대에서 내려다보는 갈대밭은 이미 도시화의 기초가 다져진 곳이었다. 반듯반듯하게 나눠진 구역이 어렴풋이 드러나 보였고 도로들이 거의 완성되었다. 바다였다가, 갯벌이었다가, 이제 빌딩 숲이 되어가려는 길목에 서 있는 갈대밭은 세상 속으로 휩쓸려 들어갈 수밖에 없으리라.

그 어느 곳보다도 찰진 갯벌에서 나온 백합의 맛을 찾았던 미식가들의 발걸음이 잦아들고 수평선에 맞닿은 하늘과 바다가 온통 벌겋던 해넘이의 장관을 담아두기 위한 셔터 소리도 갈대 너머로 사라진 지 오래다. 어느 절 마당가에서 울리는 만종의 울림이 그 시간을 기억하고 있을 뿐이다. 절 처마 끝에 매달린 풍경 소리는 예나 지금이나 다름없건만 세상 속으로 전하는 음파는 길고도 깊게 느껴진다. 머지않아 저 갈대숲마저 높은 빌딩들에 묻혀버리리라는 현실에 대한 은밀한 저항인지도 모른다.

 사라져 가는 것들을 마음에 담아두고자 몇 번을 들락거렸다. 한나절을 걷기도 하고 하루를 서성대기도 했다. 바람이 몹시 부는 날이었다. 갈대의 머리가 휘어지다 못해 부러질 것 같다. 저렇듯 거친 바람을 잘 견딜 수 있을까 싶을 정도로 사투를 벌이는 갈대들 속을 거닐다 발밑으로 눈길이 옮겨졌다. 시멘트 길 위로 어디에선가 흘러온 흙이 다져져 있다. 그런데 그 흙이 있는 곳에 나선형의 그림이 그려져 있다. 무슨 자국일까 싶어 유심히 들여다보는 사이 강아지풀 하나가 바람 따라 움직인다. 아! 줄기가 꺾이어 얼굴이 땅에 닿아 있었다. 그런 상태로 바람에 휘둘리다 보니 움직이는 대로 땅을 쓸고 있었다. 그 얼굴이 움직이는 동선만큼 시멘트 위에 쌓인 흙이 쓸려나가면서 선명한 자국을 만들어 놓았다.

 저 여린 얼굴이 시멘트 바닥을 쓸고 있다니. '강아지풀'이라는 이름만으로도 앳된 모습 아니던가. 자꾸만 어린아이의 얼굴이 겹친다. 거친 바닥에 이마와 눈과 볼과 입이 수시로 부딪히고 덮쳐 상처가 나는 모습이 그려졌다. 자라

　기 위해 안간힘을 다해 엎어져야 하고 제대로 걷기 위해 넘어지고 또 넘어지면서 자기 몫의 그림 하나를 얻어내는 과정을 겪는 듯했다.
　어쩌면 상처로 생긴 딱지 하나쯤 있어야 세상 살아갈 힘을 얻는지도 모른다. 진물이 나고 딱지가 생기면서 겪어야 하는 고통 때문에 깊게 숨 쉬는 법을 터득할 것이고 상처에 대처할 갖가지 치료 방법도 알게 될 것이다. 상처가 깊을수록 문드러진 살 속의 적나라함을 알게 되고 그 속에서 진정한 삶의 가치를 터득도 할 것이다.

저 바람은 언제쯤 잦아들까. 누군가 개입할 수도, 바람을 막아 줄 수도 없으니 혼자서 고달픈 과정을 겪어야만 하리라. 주어진 일을 짊어져야만 하는, 마음대로 내려놓을 수 없는 무거운 짐에 짓눌린 듯한 시린 자태가 오래도록 발길을 붙잡는다. 떨쳐 버리고 싶어 외면해도 껌딱지처럼 둘러붙어 떨어지지 않는, 외면하려고 하는 마음마저 또 하나의 짐이 되어 가슴을 짓누르는 내 안의 사연들과 겹친다.

저 넓은 갈대밭 구석구석에서 알게 모르게 일어나는 갖가지 불가항력의 숙명들, 사라져 가고 잠들어 가는 풍경과 감정들이 온통 아린 기억으로 얼룩진다. 어느 것 하나쯤 단단한 옹이로 남아 살아가는데 한구석 쓸모가 생긴다면 그래도 다행일까. 그것은 바로 우리 삶에서도 결코 무시할 수 없는 현실이리라.

피하고 싶어도 피할 수 없는…….

즐기는 문학인
— 수필의 날에

문학관 마당에 연꽃향이 은은했다. 수필의 날 행사에 찾아온 사람들을 대접하기 위한 인사로 차려진 다과상이 그날의 꽃이었다.

행사 때마다 좋은 찻자리를 마련해 주는 어느 문우님의 노고가 큰 빛을 발했다. 찻자리의 분위기가 전주답다는 의미를 부여해 주는 손님들의 반응에 우리들은 더욱 공손

하고 다정하게 손님들을 맞이했다. 차 한 잔씩을 들고 여기저기 모여 앉아 도란도란 담소를 나누는 분위기로 인해 문학관의 품위가 더욱 높아지는 듯싶었다. 문학관 뜰 여기저기에 전시된 수필화가 더욱더 분위기를 돋아주었다.

수필화 액자가 어느 때보다도 화려하고 값지게 보였다. 글에 걸맞은 그림이나 사진들이 더욱더 글을 돋보이게 해주었다. 단 몇 구절의 글이지만, 내가 쓴 글이지만 그렇게 꾸며 놓으니 훨씬 글다운 글 같아 흐뭇하다. 어떤 회장단이든 나름대로 정성을 다하고 애쓰겠지만 이번엔 여성 회장이라서 그런지 사소한 것까지 신경을 많이 쓰는 듯싶다.

세미나 장소인 호텔로 장소를 옮겨 행사를 치렀다. 코로나로 인해 인원을 축소할 수밖에 없는 상황이었지만 나름대로 조용하고 분위기 있는 행사가 되었고 행사 진행에 더욱 정성을 들인 흔적이 역력했다. 사람은 그리 많지 않았지만 조용하면서도 활기찬 모습으로 행사장을 드나들며 즐겼다.

세미나 시간에 들었던 강의들이 조금은 글 쓰는 데 도

움이 될 듯싶다. 문학을 즐기는 사람은 어딘가 다르다고 했던가. 그냥 글을 쓰는 것과 글쓰기를 즐기는 것은 크게 다른 느낌일 것이다. 의무감에 쓰는 글이기보다는 되도록 즐기는 문학인이 되고 싶다. 내 안에서 느끼는 작은 감정 하나라도 글의 소재가 된다면 꼭 좋은 글이 아니어도 좋겠다 싶다. 생동감 있고 현실감 있는, 살아 있는 글을 쓰고 싶다.

행사장에서 가슴에 꽃을 다는 사람들은 좀 특별한 대우를 받는 사람들이다. 그런데 그날은 나도 영광스럽게 가슴에 꽃을 달았다. 세미나 강의를 듣고 질문자의 역할을 하게 된 것이다. 그런데 그 꽃값을 제대로 했을까. 담담해지려고 했지만 은근슬쩍 걱정되어 긴장이 되었던 것 같다. 행사 진행에 방해되는 질문자가 아니어야 했는데……. 강의를 듣고 제대로 된 질문을 하는 것도 큰 공부가 되겠다 싶다.

해보지 못한 일에서는 실수를 하게 되는 경우가 있다. 더구나 많은 사람 앞에서 하는 일에는 더욱 긴장되는 터라 은근히 걱정되었다. 그래도 서로를 지켜보고 격려해 주는 문우들의 따뜻한 마음들이 있어 무사히 내 할 일을 마칠 수 있었다. 내게는 특별한 날이 되었다는 흐뭇함이 남은 날이다.

늘 걱정되는 일이 하나 있다. 글 쓴답시고 글은 뒷전이고 이런저런 행사에만 기웃거리는 것 아닌가 싶다. 하지만 행사에 참석하여 활기 있는 행사가 되도록 협조하는 것도 기본자세이지 싶어서 되도록 함께하려고 노력하는 편이다. 다만 어느 단체에서나 중도를 지키려 하고 있다. 그것이 문학의 길을 꿋꿋이 지키는 일이라는 생각이 든다. 곱고 화려한 꽃이 빨리 시든다는 말이 있듯이 너무 과한 행동보다는 알게 모르게 조용히 움직이는 것을 택하고 싶다. 그런 가운데 좋은 글을 쓸 수 있는 능력이 주어진다면 좋은 것 아니겠는가. 어디서나 나 자신을 내세우지 않고 조용하고 담담한 모습으로, 그러나 글 쓰는 일은 강한 의욕을 품은 문학인이 되고 싶다.

그러면서 작은 힘이나마 누군가에게 도움을 주는 일에 참여하여 문학 광장을 넓히고 윤택하게 하는 일에 보탬이 되고 싶다. 그래서 어떤 일이든 작은 업무 하나쯤은 맡아

일한다. 그것이 문학의 혜택을 받는 것에 대한 보답이라 생각하기에 어떤 일이든 자부심과 긍지를 갖고 일한다. 그것 또한 문학인의 자존심이라 생각하기 때문이다.

2부

살갈퀴

나는 장승이다

나의 가장 어린 시절을 알려주는 사진 한 장이 있었다. 가슴에 커다란 종이꽃 하나를 달고 어색하게 웃고 있는 사진이다. 아마도 그때부터 나는 꽃을 좋아했었나 보다.

그다음의 기억으로는 어려서 운다고 매를 맞았던 장면이 어렴풋이 떠오른다. 어머니 말씀으로는 유난히 내가 잘 울었다고 한다. 그 울음이 어떤 것을 의미했던 것일까.

내 일생이 그리 평탄하지만은 않았다는 생각이 들었다.

나에게는 큰딸이라는 무거운 멍에가 걸려 있었다. 우리 집에서뿐만 아니라 사촌까지 합쳐 20여 명이 되는 형제들의 우두머리였다. 그러다 보니 나는 너무 일찍 철이 들어 버렸다. 다른 아이들은 신나게 뛰어놀던 때도 나는 동생들을 책임져야 했고 어머니 심부름을 해야 했다. 또래들보다 정신적으로 성숙했던 나는 그 몫을 해야 하는 묵직한 성격이 되어 갔다. 거기까지는 그래도 좋았다. 그러나 나의 운명은 나를 그렇게 좋은 성격으로 만들어 주질 않았다.

어려서부터 병치레가 잦았던 나는 결국 치명적인 병을 앓게 되었다. 한참 결핵이 유행이었던 시절, 나는 그걸 비켜 가지 못하고 병들고 말았다. 빨간 피를 토해내는 나를 주위 사람들은 물론 식구들까지도 멀리했다. 독방이 만들어졌고 밥도 늘 따로 먹었다. 내가 쓰는 물건은 아무도 손대려 하지 않았고 행여 다른 사람들이 알면 동생들 혼인길 막는다고 없는 사람 취급을 했다. 점점 사람들이 싫어졌다. 결국 나는 대인기피증으로 사람들을 멀리하는 병이 생기고 말았다. 누구를 만나든 내가 먼저 고개를 숙여 그들을 외면했다. 그 병은 나를 보는 사람들의 마음까지도 얼어붙게 했고 혼자 외곬이 되어 그 누구와도 상대하지 못하는 사람이 되었다.

결국 학교를 휴학하고 아무 의미 없는 생활이 시작되었다. 그즈음 내가 살던 곳 근처에 작은 저수지가 있었다. 나는 거의 그 저수지에서 시간을 보냈다. 그 누구도 반기지 않는 나를 저수지에서 반짝이는 물결은 반겨주는 듯싶었다. 그렇듯 저수지 언덕에 홀로 앉아 하염없이 생각에 잠겨 있곤 했다.

고래 등 같은 꿈을 꾸기도 했지만 친구들이 떠들고 노는 교실이 그리워서 울기도 했다. 그 병에 걸리기 전에는 나도 명랑한 아이에 속했다. 누구보다 열성적인 모범생이기도 했고 수업 시간에 선생님과 문답을 놓고 왈가왈부하는 문제의 아이이기도 했다. 그랬는데 어쩌다 그리 공부를 할 수 없는 상황이 되었는지 그것이 무척 서럽고 외로워서 눈물이 났다. 그렇게 나는 외로움과 함께 하는 날들이 많았다. 등 뒤에 쌓이는 햇살 양만큼의 눈물을 흘리고 나면 살랑대는 바람이 그 눈물을 닦아주었다. 그러고 나면 마음이 좀 편안해져서 집으로 돌아왔다. 그렇게나마 평온을 찾을 수 있는 시간이 좋았다. 그러다 보니 나에게 외로움은 오히려 좋은 친구처럼 나를 편안하게 했다. 그때로부터 나는 홀로 살아가는 방법을 알았고 홀로여도 결코 외롭지 않는 삶을 살게 되었다. 그래서 지금도 홀로 있는 생활이 좋다. 혼자 생각하고 혼자 여행하는 것을 좋아한다. 그 어느 것에도 방해받지 않는 나만의 세계에 빠져 산다. 누구와 맞추고 챙기는 일 없이 아무 때나 훌쩍 여행을 떠날 수 있어 좋다.

그러던 어느 날 우연히 어느 장승촌을 보게 되었다. 많은 장승이 다 각기 이름표를 달고 서 있었다. '천하대장군과 지하여장군, 양반과 상놈, 삼신할멈과 저승할멈' 등등. 그중 한쪽 구석에 이름표도 없는 밉상인 장승 하나가 눈길을 끌었다. 어찌 보면 못나서 사람들을 피해 구석 자리로 피해 있는 것 같고 어찌 보면 마치 다른 것들과는 상대하고 싶지 않다는 거만한 몸짓 같기도 했다.

왠지 그 장승에게 연민이 느껴졌다. 아니 솔직히 말하

면 어쩐지 꼭 나를 닮을 것 같아 애착이 갔다. 왜 저리 못났을까. 못났을망정 나름대로 자신감을 가져도 될 턴 데 왜 저리 청승을 떨고 있을까 싶어 눈길을 돌렸다.

그런데 집에 돌아와서도 이상하게 그 장승이 떠올랐다. 아무도 봐 주지 않을 그 장승을 나라도 챙겨줘야 할 듯싶은 마음에 가끔 그 근처를 가게 되면 찾아가곤 했다. 가서 얘기를 나누었다. 그 누구에게도 할 수 없는 이야기를 나누고 오는 날엔 왠지 모르게 마음이 편했다. 그러다 어느 땐가 그 장승이 사라지고 없어졌다. 하지만 내 마음속에는 아직도 그 장승이 들어 있다. 그래서 나를 견디게 해 주고 있다.

그러다 문득 나도 장승이 되고 싶었다. 내가 장승에게서 마음의 안식을 얻었듯 나도 누군가에게 편안한 안식처가 되어 주어야겠다는 생각을 하게 되었다. 그 장승이 지나가는 사람들을 보고 수없이 많은 생각을 하면서 좋고 그름을 가르고 기쁘고 슬픈 마음을 맛보고 계절의 변화를 느끼며 세월을 지켜보면서 조용히 서 있는 것처럼 나도 그렇게 조용하게 세상을 살아가는 사람이 되고 싶다.

그렇게 살려고 노력하고 있다.

뭘 보아도 못 본 체 혼자 삭이면서 산다. 무슨 말을 하고 싶어도 그냥 침 한번 삼키고 만다. 하고 싶은 것 많아도 그저 세상 돌아가는 대로 흐름에 따라 할 수 있는 것만 하고 살려고 노력한다. 아마도 그 장승에게서 느낀 대로 살고 싶다는 마음이 작용하는 것 같다.

그렇게 살다 보니 뭔가 좋은 점들이 보이기 시작했다. 그리 손해를 보는 것 같지는 않다. 그렇다면 됐지 싶다.

자리의 가치

등산을 하다 보면 듣기 좋은 소리가 있다. 살랑대는 바람 따라 나뭇잎이 삭삭거리는 속에서 뭔가가 툭! 떨어지는 소리다. 오붓한 흙길을 걷고 있을 때 내 발 앞으로 떼구루루 굴러오는 도토리. 금방 떨어진 도토리는 윤기가 자르르하다.

그런 도토리를 볼 때마다 인연이라는 단어가 연상됐다.

수많은 사람 중 내 앞에 떨어진다는 것은 나와의 인연이 있다는 것 아닐까. 그런 마음으로 대하다 보니 무슨 귀중한 것인 양 주워 오게 된다. 산속의 짐승들 밥이니 줍지 말아야 한다는 것을 알지만, 또 주워보았자 양이 많지 않으면 어디에 쓸데가 없지만 그래도 산에 갈 때마다 몇 개씩 들고 와서 접시에 담아 놓는다.

요즘엔 도토리를 먹고 산다는 다람쥐를 볼 수가 없다. 다람쥐를 본 적이 언제였던가 싶다. 몸통에 그려진 줄이며 깜찍하게 쳐든 꼬리, 볼에 먹이를 잔뜩 물고 있는 모습이 새삼 보고 싶다. 사람을 그리 두려워하지도 않아서 근거리가 아니면 별로 경계심이 없다. 이렇게 도토리가 우수수 떨어지는 때는 그들이 먹이 먹는 모습을 수시로 볼 수 있었다. 그걸 보는 우리네 눈도 함께 풍만한 계절을 즐기지 않았던가.

그런데 이제 깊은 산속에서도 볼 수가 없으니 웬일일까 싶어진다. 언젠가 산길을 10시간 이상 걸었다. 사람들이 자주 들락거리는 야산이 아니라 온종일 우리 외엔 다른 사람을 만나보지 못한 깊은 산중에서도 다람쥐는커녕 청

설모 흔적도 찾아볼 수가 없었다. 그래서인지 사람들 발길이 닿는 등산로까지 도토리가 지천이다. 그러나 왠지 그리 풍성한 가을 산 같지 않고 좀 퍼석해 보였다. 살아 움직이는 것들을 거의 볼 수가 없기 때문이다. 먹이를 쟁취하기 위해 서로 싸우고 해치는 모습일망정 생동감이 있는 정경을 보았으면 좋겠다.

갈수록 아름다운 것들이 사라져가고 있음을 느낀다. 숲속뿐만이 아니라 어디에서든 마찬가지다. 들녘에 메뚜기가 있었던가, 참깨밭에 깨 벌레가 있었던가, 복숭아밭에 풍뎅이가 있었던가. 어릴 적 놀잇감으로 생각하고 살았던 곤충들이 거의 그 흔적을 찾을 수가 없으니 추억마저도 사라지면서 정서가 메말라 가고 있다. 생물들과 교감할 수 있었던 맑고 촉촉한 감정 대신 광물질들의 검붉은 녹물이 배어든 감각으로만 사는 것 같다.

이런저런 생각을 하면서 도토리가 있는 접시를 바라보다 이상한 것을 발견했다. 뭔가 작은 물체가 꿈틀거린다. 자세히 들여다보니 무슨 애벌레들이다. 순간 도토리거위벌레라는 걸 직감했다. 이 벌레는 도토리가 다 여물기 전에 산란관을 통해 도토리 안에 알을 낳는다. 그러고는 도토리가 달린 가지를 잘라 떨어트린다. 단순히 도토리만 떨어트리지 않고 잎이 달린 가지를 잘라서 떨어트린다. 그 이유는 가지에 달린 잎 때문에 땅에 떨어질 때 충격을 덜 받게 하려는 것이란다. 그 벌레는 도토리를 먹으며 자라다 애벌레가 되어 흙으로 들어가서 동면을 한 후 이듬해에 땅 위로 올라와 번데기로 변한 다음 성충이 되는 것이다. 그리고 종족 보존을 위해 똑같은 방법으로 살아간다.

징그럽기도 하고 그냥 놔두기 뭐해서 휴지로 싸 쓰레기통에 버렸다. 그런데 그 애벌레가 있었던 접시에 하얀 자국이 나 있다. 아마도 땅인 줄 알고 파고 들어가려고 무던히도 몸부림을 치면서 돌파구를 뚫기 위해 품어낸 액체 같았다.

그렇게 살고자 몸부림치는 생명을 아무 가책도 없이 쓰레기통에 버렸다고 생각하니 왠지 마음이 개운치가 않다. 해충이어서 없애는 것도 아니고 필요해서 이용하는 것도 아닌, 그저 잠시 눈요기하자고 가져와서 아무런 이유 없이 생명들을 무자비하게 버렸다는 사실 때문에 곤충 운운하는 나 자신의 의식이 모순처럼 느껴졌다.

나머지 도토리 속에서는 또 다른 생명이 꿈틀대고 있을 것 같아 싸 들고 산으로 향했다. 내겐 별 필요 없는 것이니 산 짐승의 밥이 되든지 도토리거위벌레의 생명을 키우든지 제 몫을 하라고 다시 산속으로 돌려놓았다. 세상에 존재하는 모든 생물은 각자 있어야 할 자리에 있어야 그만한 가치가 있는 것인 듯싶다.

새삼 내 자리에 대한 가치를 생각해 본다.

바이러스

창문으로 뚝 뚝 떨어지는 빗방울이 꽃 모양으로 퍼져 있다. 그 너머로 보이는 바깥 풍경이 어른거린다. 조용한 분위기 속으로 스며드는 빗방울 소리가 아련하면서도 먹먹하게 느껴진다. 아름다운 풍경이랄 수 있는데 왠지 그렇게 보이지 않는다.

빗방울 모양이 꼭 바이러스 같다. 바이러스의 모양이 어떤 것인지 정확하게는 알지 못하지만 요즘 TV 화면에서 보여주는 모양이 그런 것 같다. 좀 닮았다는 이유만으로 이렇게 느낌이 다를 수 있을까. 그런 현상으로 빨려 들어가는 심기가 왠지 편치 않다.

사람들과 어울리는 것을 별로 좋아하지 않으면서도 사람들을 피해야 하는 상황이 불편하다. 혼자서 나들이 나가고 혼자서 밥을 먹는다. 결코 혼족이 좋아서가 아니다. 내가 피하고 다른 사람이 피하게 되는 시국이 되어버린 탓이다.

전염, 어떤 상황에서 어떻게 퍼져나가는 것인지가 문제이리라. 병원균 바이러스가 몸속으로 스며드는 것이라면 감정의 바이러스(?)는 마음으로 스며드는 것이다. 나는 지금 그 두 가지 것을 가지고 저울질하고 있다. 온 나라를 쑥대밭으로 만들어 버린 병원균의 무게가 더 무거운 것인가 그것과 싸우는 사람들의 마음에 담겨있는 따뜻한 감정의 무게가 더 무거운 것인가를.

눈에 보이지도 않고 손에 잡히지도 않는 미미한, 그러면서도 전 세계의 인구를 휩쓸면서 뒤엎고 있는 저 바이러스들. 무서운 핵이나 전쟁 무기 같은 것이 아니어도 얼마든지 온 세계를 지배할 수 있는 존재가 있음을 알게 해 주고 있다. 어쩌면, 자연의 섭리를 무시하고 겁 없이 날뛰는 우리 인간의 오만을 질타하는 것인지도 모른다. 망가질 대로 망가진 지구를 더 이상을 두고 보지 못하겠다는 신의 질타 아닐까, 잠시나마 온 세계가 바이러스에 두려워하고 땅길, 바닷길, 하늘길을 닫고 모든 일을 중단하는 사이 위성에서 보는 지구가 조금은 깨끗해졌다는 것이다. 깊이 새겨볼 일이다.

한편으론 그 속에서 피어나는 아름다운 사람들의 마음을 알게 된 시기라고도 생각된다. 비록 '사회적 거리 두기'가 사람들 사이를 멀어지게 하고 있다고 하지만 그 속에서 피어나는 온정은 꽃처럼 피어나고 있다. 큰 것부터 아주 사소한 것까지 마음과 마음을 나누는 다리를 놓고 있다. 특히 우리 민족에겐 별난 근성이 있다. 잘나갈 때는 별 관심을 두지 않지만 힘들고 어려워지면 서로 돕고 사는 마음들을 품고 있다. 나라가 여러 차례의 위기를 당했을 때마다 똘똘 뭉쳐 이겨 낸 사람들이다.

살다 보니 부정적인 마음으로 살면 부정의 삶으로 기울고 긍정적인 마음으로 살면 긍정의 삶으로 바뀌는 것을 느낀다. 지금의 생활이 다소 불편하기는 하지만 여기저기에서 따뜻한 불길이 피어오르고 있으니 더는 저울질하지 말아야겠다. 사소한 것부터 긍정의 힘을 쌓아보자고 마음을 열어 본다. 다소 바뀐 생활이야 언제든 다시 제 자리로 돌아올 것이다. 그때 빠르게 적응되기 위해서는 준비된 마음으로 기다려야 한다. 당황하거나 터덕거리지 말고 모두 제대로 돌아가야 한다. 그래서 예전의 평범한 일상이 되어야 한다.

그동안, 아무런 의미를 부여하지 못했던 평범한 일상이 참 소중한 것이었구나 싶다. 특별한 존재가 아니어도, 잘난 측에 끼이지 못한 존재여도 어느 곳의 일원으로 존재한다는 사실이 참으로 보람 있었던가 보다. 내가 우리가 되고 우리가 나라가 되어 서로에게 기대고 어울려서 살지 않았던가. 이제 다시 그 자리로 되돌아가기 위한 물꼬가 트이는 날엔 더욱더 활기찬 모습들로 살아가리라.

이제 우리가 선진국이다. 전쟁을 위한 무기나 자연을 훼

손하는 거창한 건물이 아닌 따뜻한 마음과 신속한 의술로 앞서가는 나라다. 그래서 내로라하는 나라들이 도와달라 손을 내미는 나라다. 끝까지 확진자를 찾아내어 치료하는 끈질긴 의지와 반드시 털고 일어나리라는 믿음과 막다른 골목에 닥칠지라도 사재기하지 않는 느긋한 마음, 우리에겐 그런 항바이러스(?) 있다. 머지않아 이 항바이러스가 온 나라에 퍼져 꽃을 피울 것이다.

운간초

무엇을 고를지 두리번거리다 발밑에 있는 화분에 눈이 갔다. 자잘한 풀잎에 올망졸망 맺힌 꽃망울이 방긋이 입을 열었다. 나도 모르게 그 앞에 쪼그리고 앉아 한참을 들여다보았다.

"그거 '운간초'예요. 구름 사이에서 핀다는……."

왠지 익숙한 모양이라니. 먼 산 바위틈에서 자주 보았던 아주 작은 풀꽃이다. 깊은 산 바위 틈새에 간신히 뿌리내리고 살아가는 그런 꽃을 여기서 보다니. 화원 통유리를 밀고 들어 온 햇살 속에서 활짝 웃고 있었다. 어쩌다 이곳까지 왔을까. 제 자리가 아닌데도 저리 맑은 미소를 띠고 있을까. 정겨운 마음에 한참을 들여다보다가 선뜻 집으로 안고 왔다.

잠깐 건강에 노란불이 켜져 좀 조심하는 중이다. 청량한 가을, 여느 때 같으면 배낭을 짊어지고 훌쩍 떠났을 텐데 무릎이 좋지 않아 이제 마음대로 걸음을 걸을 수 없어 마냥 산 바라기만 하고 있다. 그래서 산이 그리운 차에 만난 이 운간초에 무척 애착이 간다. 베란다 창을 통해 들어오는 햇살이 뭐 그리 대단할까마는 그래도 마냥 풍족한 자태다. 가만히 들여다보고 있으면 나는 어느새 산 사람이 된다. 어디선가 산 내음이 풍겨오는 듯하고 산바람이 머리칼을 스치는 것 같고 등 뒤로 산뜻한 햇살이 모여드는 듯하다.

힘들게 올라가다 바위에 기댈 수밖에 없는 곳에서 보는 작은 풀꽃들. 가쁘게 할딱이다 잠시 숨 고르기를 하는 동안 마주친 풀꽃들에서 눈을 돌릴 수 없었다. 세상에 그처럼 해맑은 표정이 또 있을까. 햇살과 꽃잎이 교차하여 나오는 빛에 쏘이면 정신이 아늑해진다. 그냥 그 옆에 주저앉을 수밖에 없다.

그러고는 잠시 마음을 나누는 친구가 된다. 나눌 말이 없어도 좋고 뭔가 주고받아야 할 의무감도 없어 좋다. 내가 있고 싶으면 있고 싶은 대로 앉아 노닥거려도 좋다. 그냥 옆에 있다는 것, 그것만으로 충분하다. 있는 듯 없는 것과 없는 듯 있는 것들 앞에서 내 마음은 어느 쪽으로 기울어지고 있는 것일까. 가끔은 모르는 체하며 살고 싶은 일들 앞에서 어느 쪽을 택해야 하는지 막연한 때가 있다. 그때 저 해맑은 풀꽃처럼 살고 싶다는 생각을 한 적이 있다. 비록 누군가의 눈에 띄지 않아도 맑은 마음으로 살고 싶다는……. 산에 오르는 날엔 그런 마음으로 시간을 보낸다.

내 집에 들여온 운간초 덕에 가끔 생각하는 시간을 갖게 된다. 물 한 방울 고이지 않는 바위틈새에 뿌리내리고 살던 그 강인함이 참 대견했었다. 갈증에 허덕이는 삶이 안타까울 법도 하건만 전혀 개의치 않던 것은 어떤 힘이었을까. 부족하면 부족한 대로 그에 걸맞게 살아가는 법을 터득한 것일 터이다.

조금만 부족해도 징징대는 사람에게는 더없는 일침인 듯싶다.

반란

운명을 거론하는 대화들이 유난히 가슴을 후빈다. 요즘 들어 내 머릿속에 맴도는 생각들과 비슷한 것들이어서 그런지 극장 문을 나서는 발걸음이 한없이 터덕거린다.

누구에게 인정받지 못한다고 서운한 적이 없었다. 그저 내가 할 일이라고만 생각했고 내가 좀 힘들어도 맏이로서의 책임을 저버리고 싶지는 않았다. 그렇게 끝까지 밀고 나가면 좋으련만 이제 와서 이리 반란을 일으키는 것은 무슨 심사인지 모르겠다.

어려서부터 늘 아픈 치레를 하느라 누군가의 도움을 받아야 하는 약골이어서 동생들을 다스리기에 나는 너무 허약한 존재였다. 그런 나에게 어머니의 기대치는 항상 무거운 짐이었다. 동생들 틈바구니에서 잘못한 일들은 대부분 내가 야단을 맞는 것으로 마무리되었고 그럴 때마다 나는 어디에서 데려온 아이 아닐까 싶어 홀로 서러운 눈물을 짓기도 했다.

내 성격 형성은 건강하지 못한 신체에서 비롯된 후천적 영향이 더 많다. 몹쓸 병 때문에 남 앞에 나서기 싫어서 한때는 대인기피증이 심했고 그 후유증이 평생 나를 옭아맸다. 성격이 강인한 어머니 입장에서는 그런 내가 마뜩찮으셨을 것이다.

그래서일까. 어머니와 나는 살가운 모녀간의 애정 표현을 한 적이 거의 없다. 어느 땐 다른 사람들의 어머니에 대한 애틋한 감정 표현이 부럽기도 했다. 그런 관계를 만들어 볼까 싶어도 사람의 감정이란 것이 억지로 되지는 않았다. 그런데도 맏이라는 책임감 때문에 혼자 된 어머니를 내 곁으로 오시게 했다.

그렇게 그저 그런 날들이 흘러갔다. 그러나 남 보기엔 잔잔한 물결이었지만 밑바닥에선 가끔 용솟음치는 격렬한 용트림이 일곤 했다. 그럴 때마다 절대 가까이에서 살아서는 안 된다며 어머니 모셔 오는 걸 극구 반대했던 어느 스님의 말씀이 되새겨졌다. 하지만, 하늘이 무너져도 내 어머니인데 그런 운명 같은 것에 매달려서 혼자 계시는 어머니를 외면할 수 없다는 생각이었다.

그 대가를 톡톡히 치렀다. 스치고 지나가는 말 한마디에도 상처를 입고 그 상처가 곪아서 흐르는 진물이 또 다른 종기를 만들어 갔다. 그래도 그런 것들을 함부로 내뱉지 못했다. 애써 잘해보려고 모시고 와선 내가 불만을 토로한다면 그것은 내 자존심이 상실되기 때문이다. 그렇게 간신히 버텼다. 아니, 애써 태연한 척하느라 가슴속엔 늘 무거운 돌 하나가 얹혀 있었다.

나이 탓일까. 어느 날부터 어머니에 대한 마음이 버거워지기 시작했다. 처음으로 후회가 되었다. 내 어찌 어머니를 모셔왔던가. 아들과 함께 사시게 가만히 놔두었으면 사이가 이리 나빠지지는 않았을 텐데. 나도 어쩌다 한 번씩 얼굴 비치면서 귀한 자식 대접받고 살았을 텐데. 무슨 오지랖으로 맏이 노릇을 한다고 모셔 와서 결국은 이런 상황이 되어 버렸는지, 왜 그리 간곡히 말리는 스님의 말씀을 거역했는지 모를 일이다.

운명이라는 걸 거부하고 싶었다. 그런 것은 나약한 인간의 변명에 불과하다고 치부해 버렸다. 그 스님의 말씀에 얽매이지 않으리라고, 피하지 않고 부딪혀 당당히 운명에 맞서리라고 다짐했었다. 그런데 이제는 정말 거역할 수 없는 그 어떤 힘이 작용하는 것인지도 모른다는 생각이 든다. 언제부터인가 운명이라는 단어가 집요하게 나를 붙들고 늘어진다.

왜 나는 맏이라는 덫을 걸고 살려고 했을까. 누가 시키지도 않는 책임을 지려고 부단히 몸부림을 치고 살았을까. 어머니와 나는 정말 거역할 수 없는 운명의 굴레에 얽혀 있는 것일까. 그런 걸 거부하려고 한 것이 바보 같은 짓이었을까.

아무리 두드려도 깨지지 않을 것 같은 철벽 앞에서 통곡을 한다. 눈물 한 방울 없는 통곡이다. 어릴 적 숨어서 울던 때의 눈물이 그립다. 그때는 어머니의 딸이 아닐지도 모른다는 서러운 눈물이었고 이제는 어머니의 딸이 아니고 싶은 독한 통곡이다. 부모와 자식 간에도 있다는 악연이, 그런 딸이 아니고 싶은 처절한 통곡이다.

운명은 정말 거역할 수 없는 것인가.

애물단지를 껴안고
— 수비와의 인연

《수필과비평》과 내가 인연을 맺은 지가 벌써 17년째이다. 사람으로 말하면 한창 청년기에 해당하는 시기 아닌가. 나는 그에 걸맞은 활동을 하고 있는지 되새겨 볼 일이다.

처음 등단할(2002년) 때의 마음은 환한 보름달이었다. 그때 등단이란 정말 너무 먼 거리라고만 생각했기에 지도교수님의 추천에 응하기가 망설여졌었다. 그래도 욕심은 있었던지 덥석 등단 패를 받고 말았다.

  – 당선 패에서 빛이 났다. 그 빛을 향해 들이미는 꽃다발을 다 안을 수 없었다. 누구의 꽃다발인지도 모른 채 받아 들고 단상을 내려오는 발걸음이 휘청거렸다. 가슴에 안은 많은 꽃 때문에 발밑을 볼 수가 없었기 때문이다.
  그 꽃들은 어딘가에 흩어져 있었던 지난날의 내 꿈 조각들 같았다. 여느 때는 내 삶의 뒤안길에서 그림자처럼 어둡게 따라다니더니 이번엔 환한 표정으로 내 얼굴을 올려다보았다. 꽃들이 웃고, 나를 바라보는 사람들이 웃고, 나도 따라 웃었다.
  정말 보고 싶은 웃음이 있다. 꿈을 잃고 사는 딸에게 '실망했다.'고 한마디 하시고는 두고두고 마음 아파하셨다던 아버지의 웃음이 보고 싶었다. 누구보다도 환하게 웃어 주셨을 아버지의 얼굴을 영영 볼 수 없다는 사실에 잠시 눈시울이 젖었다. 기쁨과 슬픔이 교차하는 순간이었다.   – 〈신인상 받던 날의 메모〉

그러나 보름달 같았던 그날의 환한 마음은 그리 오래 가지 못했다. 시간이 갈수록 글쓰기가 어렵고 두려워서 얼마나 애를 먹었던가. 처음엔 그저 멋모르고 글을 쓰다가 점점 뭔가를 알게 되면서부터는 부담감이 커져 버렸다. 아마추어에서 프로가 되는 순간부터 글쓰기는 얽매인 포승줄처럼 느껴진 것이다.

환한 보름달에서 서서히 기울어 하현달이 되었다가 급기야 어둠에 묻히기도 했다. 그래도 그 끈을 놓지 못했다. 끙끙대면서도 뭔가를 끄적거렸다. 어쩌면 그것이 내 안에 담겨있는 문학을 향한 끼였던가 싶다. 어려움 속에서도 무언가 얻으려는 몸부림은 결코 헛되지 않았다.

캄캄한 그믐달밤 속에는 어느덧 얇은 빗살의 초승달이 움을 트고 있었다. 그달은 그저 물렁물렁하고 어설픈 달이 아니라 수없이 많은 담금질을 겪은 단단하고 정선된 달이라 생각되었다. 수비에서의 활동이 그러한 담금질에 필요한 펌프이지 않았을까 싶다. 지방의 작은 단체에서 전국적인 단체로 이어지는 행사에 참여할 때마다 활기찬 의욕이 솟았다.

많은 사람과의 교류가 폭넓은 인간관계를 형성해 주었고 《수필과비평》지에 발표된 내 글이 나를 치켜세워 주었다. 남들이 보기에는 비록 모자란 글이었겠지만 나에게만은 그 누구의 글보다도 값진 글이었다. 그야말로 제 눈에 안경이었으리라. 설령 그렇다 하더라도 나는 내 멋에 사는 글쟁이다.

글쟁이에게 글은 애물단지다. 놓자니 아깝고 들고 있자니 무거운 단지, 그 단지에 꿀을 가득 담을 수 있는 날은 있을는지……. 한가위 달이 휘영청 밝다. 글쓰기 초년에 보았던 그달이 아닌, 꽉 찬 꿀단지 닮은 달로 보이는 날을 기대하며 카메라에 한 컷 담는다.

"찰칵!"

폰 속에 들어 온 달이 나를 향해 웃는다. 행여 누구에게 뺏길까 봐 애물단지를 꼭 품고 있는 내가 우스운가 보다. 나도 따라 웃었다. 누가 뭐래도 그 애물단지가 있었기에 내 삶에 윤기가 흘렀다고…….

(2019년에 쓴 글)

말의 느낌표

"수고하십니다."

J 선생님의 이 한마디 말만 듣고는 망설임도 없이 그냥 문을 열어 준다. 옆에 앉은 K 선생님이 잘 아는 사이냐고 묻자 아니란다. 그럼 어떻게 해서 검사도 하지 않고 문을 열어주느냐는 말에 '말의 느낌' 때문이란다.

네 사람이 탄 승용차가 국립공원에 들어갈 때의 상황이

다. 차 안에는 모두 65세 이상의 면제 대상이니 그냥 들어가도 되는 사람들이다. 그래도 매표소에서 그것에 관해 확인하는 절차를 밟아야 하지만 그 단계를 생략한 것이다. J 선생님의 말씀은 뭔가 속이려고 한다면 말이 어딘가 모르게 불안해서 떨림이 있거나 더듬었을 텐데 전혀 동요가 없는 편안한 말이었음을 느꼈을 터이니 의심되지 않았을 것이라는 뜻이다.

우리가 무슨 말을 할 때면 그때의 환경이나 상황에 따라 톤이나 흐름이 다르다. 상대를 보지 않아도 충분히 그 느낌을 알 수가 있는 것이다. 전화기 너머로 들려오는 소리만으로도 재깍 그 상황을 눈치를 챌 수 있지 않던가.

어느 수필을 읽었을 때의 일이다. 작가는 그 고장의 사투리로만 글을 썼는데 글로 읽을 때는 그 뜻을 제대로 이해할 수가 없었다. 표준어와 맞춤법이 잘 된 문장만 읽다가 그런 글을 대하고 보니 어리둥절한 것이다. 글 중 한두 문장만 그런 글은 그런대로 이해가 갔지만 수필 한 편 전체를 그리 사투리로 써 놓으니 도무지 이해되지 않았다.

눈이 어지러워 다른 사람에게 좀 읽어달라고 하고 나는

듣기만 했다. 그랬더니 그 글이 이해되는 것이다. 참 묘하다는 생각이 들었다. 막상 읽어주는 사람은 이해가 되지 않는다고 했다. 그런데도 듣는 사람은 무슨 말인지가 이해되었다. 눈으로 보는 글과 소리로 듣는 글이 이렇게 다르구나 싶었다.

글에서 느끼는 감정보다 소리에서 느끼는 감정의 폭이 훨씬 더 다양하고 확실하게 느껴지는 듯하다. 어떤 뜻을 전할 때도 글로 읽으면 자칫 오해할 수 있다. 마음은 농담하는 뜻으로 쓴 글인데 그것이 농담으로 느껴지지 않고 정색한 뜻으로 인식될 때가 있기 때문이다. 그래서 가끔은 글 끝에 웃는 모습이나 이모콘을 붙이기도 한다.

그런데 말은 그때 상황에 따라 적절히 표현되니 쉽게 이해할 수가 있다. 그런 반면 조심해야 할 부분도 있다. 감정이 격해질 경우에는 걷잡을 수 없는 상황이 되어버리는 때가 있다. 그럴 때는 무기보다 더한 흉기로 변할 수 있다. 말로 받는 상처가 얼마나 크던가.

말은 사람의 인품이기도 하다. 어떤 말을 어떻게 하느냐에 따라 품위가 달라져 보인다. 그렇다고 해서 아주 고귀한 인품으로 보이게 말할 수만은 없을 것이다. 평소 가볍게 하는 말일지라도 자신의 분신이라는 생각을 해야 할 것이다. 곁의 사람들을 끌어들이지는 못하더라도 밀쳐내는 말은 하지 말아야 할 텐데 나는 과연 어느 쪽인가 생각해 봐야 할 듯싶다.

"남은 것 내가 가져가도 될까?"
이런 대화는 오랜만에 만난 사이에서 나오는 대화가 아니라 자주 만나는 사람들의 대화 내용이리라. 40여 년 만에 만난 스승과 제자 사이의 대화라고는 믿기 어려운 말일 것이다. 그러나 어제 만났던 이웃집 아저씨 같은 말투의 대화는 그동안의 거리감을 하루거리로 압축해 버렸다. 서로 얼굴도 기억나지 않아 승용차 번호로 확인하자고 해서 만날 정도인 긴 시간의 공간을 훌쩍 넘겨버린 말의 느낌!

말에는 각가지 느낌표가 달린 것 같다. 사람마다 각기 가지고 있는 말에 어떤 느낌표가 몇 개 붙을지는 모르겠지만 각자의 특색 있는 색깔이 있으리라. 그렇다면 내가 쓰는 말에는 어떤 느낌표들이 붙을까. 새삼 궁금해진다.

맛있는 점심과 여유로운 차로 몸 따습게 해주고 절간 처마와 내장산 서래봉의 선을 가리키며 촉촉한 정서를 채워주신 은사님과의 하루가 잘 익은 수수 알처럼 찰지다. 내 고장의 역사를 강의하는 역사 선생님과 말의 느낌표를 새겨본 본 문학도 제자가 함께하는 날, 하늘이 유난히 맑아서 더욱 빛난 나들이였다.

지금 어디쯤 가시나이까

여느 때처럼 한가함을 즐기며 산책을 하다 받은 한 통의 전화. 내 귀에는 전혀 들어오지 않는 이름이었고 그럴 리 없는 이름이었다.

어찌어찌하다 간신히 들어오는, 스승님이 소천하셨다는 말을 듣는 순간 가슴이 쿵! 내려앉았다. 온몸에 힘이 빠지며 더 이상 걸을 수가 없었다. 가던 길을 되돌아 돌아오는 길이 너무 멀었다. 사정없이 곤두박질치는 심장 박동이 좀처럼 가라앉지를 않아 그날은 외출할 수가 없었다.

하룻밤을 넘기고 나서야 간신히 몸 추슬러 찾은 장례식장에서 쏟아지는 눈물을 참을 수가 없었다. 믿기지 않았던 사실이, 스승님의 영정사진을 보는 순간 정말이구나 싶었다. 그렇게 다녀와서 맹붕에 빠져 자꾸 잠만 자다가 며칠을 지나도 믿기지 않아 확인이라도 하듯 추모관을 찾았다.

모악 추모관 107호 197번. 까치발을 해가며 겨우 꽃 한 송이 올려드리고 나오는 발걸음이 너무 허허롭다. 어쩔 수 없이 인정하지 않을 수밖에 없는 허허로움을 달래려 금평저수지 둘레길을 걸었다. 찬바람이 몸을 움츠리게 했지만 스승님 가시는 길이 이리 차가울까 싶어 잠시나마 동행하는 마음으로 견뎠다.

바람은 차갑지만 발밑으론 흙을 밀고 올라오는 여리디여린 쑥이 봄을 한 아름 품었다. 어느새 봄이 와 있었다. 이제 머지않아 봄꽃이 흐드러지고 녹음이 어우러지고 단풍이 무르익었다가 또 눈발이 날리는 겨울이 오리라. 그러는 동안 교수님의 모습이 서서히 희미해지겠지, 그러겠지, 아쉬운 우리들의 마음도 서서히 접어지겠지, 그렇게 세월은 흘러가겠지 싶다.

쑥 한 줌으로 끓인 나물국 그릇으로 눈물 한 방울이 뚝 떨어진다.

몇 날이 지나고 달도 지났다. 사그라지지 않을 줄 알았던 스승님의 그림자가 서서히 희미해져 가고 있다. 그러다가도 한 번씩 생각하는 계기가 되는 순간에 울컥해지는 마음을 어쩔 수가 없다. 대자연병원 차가 눈에 들어오던 날, '모악추모공원' 광고가 새겨진 택시를 만나던 날, 살고 계시던 아파트 근처를 지나치던 날은 감기라도 앓고 난 듯 맥 빠진 사람이 되었다.

스승님이 앉아야 할 자리에 다른 분이 앉아 있는 날, 그분을 향한 반가움보다 스승님에 대한 아쉬움이 더 앞서서 어색하기만 했다. 그러다 차차 익숙해지겠지 싶은 마음조차 죄송스럽게 느껴졌다. 아무리 그래도 현실을 무시할 수 없는 것을 어찌하겠는가. 햇살이 유난히 맑은 뜰에서 다시 한번 보내드리는 순간을 맞이하고 조용히 뒷걸음쳐 돌아왔다.

무심한 듯 지냈던 날들이 새삼 아쉬웠다. 행사장에 보이지 않았던 날에도 그저 그러려니 했고 마주치면 그저 눈인사만으로 고개 까닥하고 지나쳤던 날들이 많았다. 특별히 표 내지 않으셨지만 '믿는 구석이 있다.'라는 마음으로 내게 책임감을 실어주셨다는 은혜도 미처 챙겨드리지 못했다. 그런데 어찌 이리 허망하게 가실 수가 있을까. 아니, 이리 빨리 우리 곁을 떠나시리라고는 전혀 생각지 못하고 언제든 뵐 수 있으리라는 생각으로 살아왔다.

지금 어디쯤 가시나이까.
가시는 길이 험하지는 않습니까. 험하고 힘든 길을 어떻게 지나십니까. 행여 이승에 있는 정인들을 못 잊어 가던 걸음 멈추고 멍하니 서 있지는 않으십니까. 가다가 뒤돌아보는 순간이 몇 번이나 될까요. 몇 날 며칠을 그렇게 터덕거리실까요.
더는 미련 두지 말고 발걸음 가볍게 가시옵소서. 저희는 잘 견딜 것입니다. 어쩌면 벌써 조금씩 스승님의 그림자를 벗어나 있는지도 모릅니다. 죄송하게도 스승님의 생각보다는 곁에 있는 이들의 소소한 일들에 더 귀 기울이고 있습니다. 이제 웃기도 하고 다른 이에 대한 생각에 멈추어 있기도 합니다.

참 야속한 마음들입니다. 자리 비운 지 얼마나 되었다고 이리 천연덕스럽게 자연스러워지는 걸까요. 그러나 세상의 이치가 그런가 봅니다. 우리가 스승님을 이렇게 보내고 또 우리가 세상을 등지는 때가 되면 우리 또한 누군가의 의식에서 지워져 가겠지요. 그래서 돌고 도는 세상이라 하나 봅니다. 그러니 너무 서운해하지 마세요. 괜한 아쉬움에 뒤돌아보다 점점 잊어가는 저희의 모습을 보게 될지도 모르니 뒤돌아보지 마시고 그냥 앞길만 보고 가세요.

가시다가 한 번씩 쉬어 가실 때면 조용히 추억을 되새겨보세요. 누군가 생각해 주기를 바라는 것보다 자신 안에 가지고 있는 추억을 새겨 보는 것이 더 좋은 거라 하더이다. 그렇게 지나온 시간 속에서 가슴 간직해 두었던 일들을 되새겨 보면서 가세요.

가시거든 그 길 잘 다져 놓으세요. 우리들도 언젠가 가야 할 길이니까요. 처음에 저희의 스승님으로 오셔서 자리 만드셨을 때처럼 그곳에서도 저희 다시 모이겠지요. 그땐 정말 멋진 스승과 제자들로 다시 거듭날 수 있을 겁니다. 그런 믿음으로 스승님과의 이별을 받아들입니다.

부디 고이 잠드시옵소서…….

3부

원추리

분꽃

1

저녁나절 살랑대는 바람에 마음 자락이 헛헛하다. 어려서부터 이맘때쯤이면 가끔 콧물을 훌쩍이곤 했다. 특별히 뭔가가 서러워서도 아니고 억울해서도 아니다. 그냥 아무 이유도 없이 막연히 허전하곤 했다. 그럴 때 위안을 받은 것이 있다. 화단에 핀 분꽃이었다. 온종일 입 다물고 있다가 저녁나절이면 봉긋이 피어나던 분꽃은 꼭 나를 향해 웃어주는 것 같았다.

  큰 딸이면서도 나는 어머니와 그리 살가운 정을 나누지 못했다. 어머니로서는 맨날 병치레만 하는 딸이 그리 미덥지 않으셨는지 마음이 들지 않아 하셨다. 나 또한 그런 어머니에게 곰살맞게 굴지 못했다. 그럴라치면 자꾸 더 야단을 맞고 그것이 억울해서 눈물을 훔치곤 했다. 그럴 때마다 분꽃은 큰 위안이 되어 주었다. 까만 씨 속에 하얀 분말 가루처럼 포근함을 느끼게 해주었다.

  그때, 나는 왜 아무것도 아닌 일에 그리 서러움을 느끼곤 했을까. 어쩌면 내가 그렇듯 병치레로 마음고생할 것을 암시하는 것이었는지도 모르겠다. 아니, 어머니와의 관계가 이리되리라는 암시였을까. 솔직히 지금도 어머니에 대한 애틋한 마음이 별로 없다. 그러면서도 어머니가 요양원에 가시는 날은 왜 그리 눈물이 났었는지 알 수가 없다. 도대체 어머니와 나는 어떤 인연이기에 이리 묘한 감정만 돌고 있는 것일까.

  어머니와 나는 숨바꼭질을 하는 것 같다. 꼭꼭 숨어있

는 마음을 찾아 이리저리 헤매고 있는 사이. 이제 그만 이 술래잡기를 끝내고 싶은데 아직도 아닌 것 같다. 내가 그리 눈물을 흘린 것은 이 때문인 듯하다. 아직도 나는 술래라는 것······.

요양원을 지척에 두고도 자주 가지지 않는다. 어느 땐 요양원 근처까지 가서 건물만 바라보다 오기도 한다. 빙빙 거리기만 하는 이 마음을 어떻게 해야 할까. 나도 내 마음을 어찌할 수 없는 것이 아쉬울 뿐이다.

그런데 이상하게도 분꽃을 바라보고 있으면 마음이 안 온해진다. 어린 시절 저녁나절을 생각하게 되고 그때의 감성이 되살아난다. 어머니의 냄새 같기도 하고 내 눈물의 흔적 같기도 하다. 어머니의 꾸중이 마냥 서럽기만 했던, 그 헛헛했던 날들의 기억이 왜 이런 감정으로 되살아날까. 참 알 수 없는 일이다.

그런데 그 감정이 그리 싫지만은 않은 것은 또 무슨 조화일까. 자꾸 삭막해져 가는 마음 구석에 오롯이 남아 촉촉함을 유지해 주고 있다. 사람의 감정이란 꼭 좋은 것만을 생각하고 싶은 것은 아닌가 보다. 마음 아픈 상처도 나름대로 기억하고 싶은 일일 것이다. 아픔이 있었기에 다른 일들이 고맙게 느껴지기도 하고 살아갈 힘이 생기기도 하는 것 같다. 내가 베란다에 분꽃을 심은 것도 그 감정을 더욱 깊이 느껴 보고 싶은 것 아닐까. 어쩌면 이제 요양원을 벗어나지 못할 것 같은 어머니에 대한 마음을 잊지 않으려는 심정인지도 모르겠다.

요즘,
저녁녘이면 베란다에서 어머니의 젖내가 물씬 풍긴다.

2

분꽃이 시들었다. 흐드러지게 피었던 꽃들이 시들더니 까만 열매가 맺었다. 그 씨앗 속엔 또 다른 세계가 움트고 있으리라. 보잘것없는 화초에서도 돌고 도는 삶의 현실이 반복된다.

그렇게 괄괄하시던 분이 맥없이 무너지셨다. 평소 늘 강직하시던 어머니와 부딪치다 보니 자주 다투곤 했다. 눈을 감은 어머니의 모습을 보면서 "나는 어머니와 좋은 기억보다 다툰 기억이 더 많다. 다음 생애에 또 삶이 주어진다면 다시는 큰딸로 태어나고 싶지 않다."며 원망 섞인 투정을 부렸다. 하지만 시간이 지날수록 허전함이 깊이 스민다.

영정 사진 속에서 처음으로 온화함을 느꼈다. 그런데 생전엔 왜 그리 서로 냉랭하기만 했을까. 어려서부터 야단만 맞고 자랐다는 생각에 어머니와는 그리 정겹지 못했다. 그래서 돌아가셔도 눈물이 나오지 않을 거라 생각했다. 그런데 왜 그리 눈물이 쏟아졌을까.

동생들도 그런 내 심정을 알고 있으리라는 생각에 괜히 속 보이는 것 같아 눈물을 삼키려고 애를 썼지만 마음대로 되지 않았다. 몰래몰래 내뿜는 내 속내를 들킬까 봐 애써 태연한 척해야 했다. 외로웠다.

어머니 집을 팔고 열쇠를 넘겨주던 날도 그렇게 외로웠다. 날마다 찾아다녀야 했던 일들이 힘들다는 생각을 하기도 했는데 이렇게 끝났구나 싶어서 더욱 아리고 쓸쓸했다.

어머니의 흔적을 찾아 길을 나서기도 했다. 하지만 가까운 길이건 먼 길이건 그것은 별 의미가 없었다. 어디를 가나 이제 곁에 계시지 않는다는 사실만이 진실이었다. 간혹 아픈 상처들이 들쑤시고 일어나 아린 가슴이 다시 도지기도 했다. 하지만 이런 감정도 점점 사라지겠지 싶다.

생각하니 안 좋은 감정일망정 잊지 말았으면 좋겠다. 그래서일까 아픈 상처라고 생각했던 것들조차 소중하게 느껴진다. 이제야 철이 드는 걸까. 어머니가 내게 하셨던 행동들이 다 이유가 있을 법하다. 이제야 고개가 끄덕여지고 공감이 간다.

어머니 어린 시절의 성격 형성에 미칠 법한 일들. 아! 그랬었구나. 그럴 수밖에 없었겠구나 싶다. 그럴 상황에 부닥쳤을 때 나는 어찌했을 것인가. 어려운 생활환경 때문에 생긴 행동들, 때론 그런 어머니의 행동을 보면서 부끄럽게도 생각했었다. 그것이 못내 아쉽고 후회스럽다.

분꽃이 시든 자리에 까만 열매가 열렸다. 누군가 그랬다. 내가 썼던 글 속의 분꽃(분꽃1) 씨앗 하얀 가루는 어머니의 젖물과 같은 것이라고. 어머니의 젖물이 나를 키우고 나의 젖물이 내 아이들을 키웠다.

분꽃에 맺힌 까만 열매를 따서 소중하게 간직했다. 그 열매는 또다시 새로운 꽃을 키우고 피우리라. 내년에도, 그 후에도······.

한란寒蘭의 품격

베란다에서 풍기는 향이 은은하다. 몇 년 전에 선물로 받은 한란寒蘭인데 그때는 꽃이 피었었지만 그 후론 꽃을 보지 못했었다. 그런데 올해는 아주 풍성하게 피었다.

겨울에 꽃이 피는 특성 때문에 한란寒蘭이라고 한단다. 여러해살이식물인데 길쭉길쭉한 초록색 잎 사이로 올라온 꽃대는 길이가 50㎝ 정도이며 밤색 계열의 꽃이 7송이

나 피었다.

 다른 꽃에 비해 눈에 잘 뜨이지는 않지만 귀하다고 생각하니 자주 들여다봐진다. 다른 해에는 겨울에 추워서 얼어 죽을지도 모르겠다는 생각으로 거실에 들여놓았었는데 왠지 이번엔 베란다에 그냥 두었었다. 그런데 저리 예쁜 꽃을 피우다니. 난이 꽃을 피우기 위해서는 추위를 겪어내야만 하는 과정도 필요했던 걸까.

 꽃말이 '귀부인'이다. 과연 모양에 딱 어울리는 꽃말이다. 남들 눈에 썩 뜨이지 않지만 은은한 멋이 풍기는 여인과 딱 어울리는 꽃인 듯싶다. 그래서 더욱 마음이 가는 꽃이다. 팔랑개비 같은 꽃잎 앞에 다소곳이 들어앉은 꽃심, 하얀 바탕에 갈색 얼룩무늬가 자신의 존재를 각인시켜주는 듯 선명하게 찍혀 있다. 무심한 듯하면서도 내심엔 그 누구도 접근하지 못하게 하는 위엄이 서려 있다. 차분하고 당당하면서도 섬세한 마음을 갖춘 귀부인의 자태다.

 있고 없음에 관계없이 살아가는 마음이라면 어느 정도 평정심을 품고 사는 것이리라. 스스로 평정심을 갖추고 있다면 굳이 다른 사람들의 눈치를 보지 않아도 될 터이니 어떤 야유나 시기심 섞인 말들에 대해 굳이 대응할 필요가 없을 것이다. 하지만 그런 걸 알면서도 마음대로 되지 않는다.

그리 큰 걱정 없이 살고 있다지만 소소한 감정들이 소용돌이치는 때가 종종 있다. 나와 맺어진 인연들은 어떤 이유에서일까 의심스럽기도 하고 매몰차게 뿌리치지 못한 것들에 대한 미련도 남아 있다. 괜스레 울컥해지고 서러워지기도 한다. 이럴 때 무언가 내 자신을 잡아주고 이끌어 주는 것이 있다면 좋지 않을까. 다행히 요즘은 저 귀부인 같은 한란이 있어 그 역할을 해 주는 것 같다. 화분 앞에 쪼그리고 앉아 꽃과 눈 맞춤하고 있으면 코끝을 통해 마음 깊숙이 스며드는 향기로 찌푸려졌던 마음이 서서히 맑아진다.

마음의 감정을 들끓게 하는 것과 가라앉혀주는 것의 차이는 뭘까. 감정이입은 어떤 과정을 거치는 걸까. 생각하면 할수록 의문점만 쌓여가는 요즘에 때맞춰 피워준 한란이 고맙다. 깊은 호흡으로 내 안에 가득 담아 두었다가 다른 사람에게도 전해 주면 좋겠다.

나는 그런 꽃이기를 소망한다.

마중지봉 麻中之蓬

초등학교 저학년 때쯤인 것 같다. 어머니를 따라 삼밭에 간 적이 있었다. 그 삼밭에서는 삶은 삼麻의 껍질을 벗기는 일을 했다. 껍질을 벗겨 주는 노동 값으로 속대는 집에 가져와서 땔감으로 쓰곤 했다.

예전엔 오로지 아궁이에 불을 때서 음식을 해 먹어야 했기 때문에 무엇보다도 땔감이 중요한 시기여서 삼麻 속대는 아주 좋은 땔감이었다. 가져온 속대를 잘 말려놓으면 뽀얗고 가지런해서 보기가 참 좋았다. 어쩌면 그리 곧고 날씬한 모양인지 그것으로 불을 때고 있으면 기분이 정갈해지는 것 같았다.

가끔 삼밭을 지나치게 되면 일부러 가까이 가서 들여다보기도 했다. 내 키를 훌쩍 넘는 삼杉들은 서로 누가 더 큰지 키 재기를 하는 것처럼 하늘 향해 꼿꼿이 머리를 쳐들고 있었다. 어쩌다 바람이라도 불라치면 행여 쓰러질까봐 안간힘을 쓰는지 윙윙거리는 소리가 들리기도 했다. 하지만 금방 쓰러져 버릴 것처럼 휘청거렸다가도 다시 제 자리를 되찾곤 했다. 그런 모양들이 참으로 대견하고 사랑스러웠다. 단지 그것뿐만이 아니었다. 곧고 가지런한 모양을 보고 있으면 내 생각도 올곧아지는 듯했다.

내가 올곧은 생각을 하며 성장하게 된 또 다른 동기가 있다. 친정아버지의 올곧은 성품 밑에서 자란 때문이다. 평생을 교직에 몸담고 계셨던 아버지는 우리에게 한 번도 야단이나 꾸중을 하신 적이 없으셨다. 좀 못마땅하신 일이 있어도 큰기침 한번 하시는 걸로 야단을 대신하셨다.

우리들은 그런 아버지가 더 어렵고 조심스러웠다. 그래서인지 우리 형제자매들은 그리 어긋나지 않고 곧게 자란 것 같다. 어쩌면 가장 고귀한 가르치심이었을 것이다.

아버지는 우리들뿐만 아니라 곁에 있는 모든 사람에게 다 인자하고 강직한 분으로 인식된 분이셨다. 학교 직원분들께도 공과 사를 분명히 하셔서 존경을 받으셨고 동네 분들과도 깍듯이 예의를 지키셔서 호인으로 인정받으셨다. 덕분에 우리들은 〈그 선생님 자식〉이라는 긍정적인 타이틀이 따라다녔다. 우리들 또한 그런 이미지를 깨서는 안 된다는 생각으로 더욱 몸가짐에 주의했던 것 같다.

그런 부모님 밑에서 태어나고 자랄 수 있었던 것은 내 생의 가장 큰 복이었다. 이제 곁에 계시지 않지만 그 가르침만은 아직도 마음속에 깊이 자리하고 있다. 누구에게 자랑할 만한 재산이나 명예가 없는 그저 평범한 것뿐이지만 부모님께서 주신 가르침만은 그 무엇과도 바꾸고 싶지 않다. 그렇기 때문에 내 아이들을 키우면서 되도록 아버지의 가르침을 이어가려 노력했다. 내 아이들도 다행히 큰 무리 없이 무난한 성격으로 생활하고 있으니 이보다 큰 복이 어디 있으랴.

　사회생활을 하면서도 내 곁에는 늘 본받을 만한 사람이 있다. 나이 지긋한 어르신들도 계시지만 나와 같은 또래의 벗들도 있다. 더러는 동생뻘 되는 후배도 있었고 자식뻘 되는 문우들도 있다. 각자 이상이나 생활수준이 다르지만 어느 한구석 통하는 마음이 있어 말하지 않아도 느낌이 오고 간다. 이렇듯 서로 주고받는 감정 속에서 알게 모르게 배우게 되는 일들도 있다.

　그런 생각을 하다 보면 나는 참 좋은 환경에서 살고 있는 것 같다. 훈훈하고 온화한 가정에서 자라서인지 성격이 그리 모나지 않았고 사회에서도 나와 비슷한 성격의 사람들과 어울렸다. 서로 말하지 않아도 알아서 챙겨주고 다독여준다. 말 필요 없이 눈빛만으로도 통하고 툭 던지는 말 한마디로 대충 넘어가기도 한다. 이렇듯 고만고만한 성격들로 이루어진 사회 울타리에서 서로 부딪치지 않고 어우러져 살고 있다는 것이 참으로 다행이다.

　칠순을 넘고 보니 이제 살날이 얼마 남지 않은 듯싶다. 지금껏 별 무리 없이 무난한 삶을 이어왔으니 앞으로 남은 기간도 그리 보냈으면 좋겠다. 비록 고귀한 삼杉은 못 되고 그 속에서 자란 쑥의 존재일지도 모르겠지만 덕분에 올곧게 살았다는 것만큼은 자랑스럽게 생각하고 싶다. 내 스스로 잘 살아왔다고 다독여주고 싶다.

모두가 다 부모님과 내 곁에 있는 사람들의 덕분이다. 감사하고 다소곳한 마음으로 마중지봉麻中之蓬*의 의미를 되새겨 본다.

* 마중지봉麻中之蓬 : 삼밭 속의 쑥이라는 뜻으로, 곧은 삼밭 속에서 자란 쑥은 곧게 자라게 되는 것처럼 옳고 선한 사람 속에서는 그 감화를 받아 자연히 선해짐을 비유적으로 이르는 말.

동강을 따라서

TV에서 동강에 대해 방송을 한다. 무척 반가운 강이다. 언젠가 영월에서부터 정선까지 동강을 끼고 드라이브를 한 적이 있었기 때문이다.

얼마나 아름다운 강이었던가, 컴퓨터를 뒤져 옛 사진을 들여다보며 그때의 감성을 다시 느껴보았다. 겨우 승용차 한 대가 다닐만한 도로라 맞은편에서 오는 차가 있으면 비켜 주기가 어려웠다. 그래도 다행히 차량이 많지 않아서 느긋하게 즐기기에는 안성맞춤이었다. 가다가 중간중간 풍경 좋은 곳에 내려 감상하느라 시간 가는 줄 몰랐다.

자갈이 들여다보이는 얕은 물인가 하면 깊이를 알 수 없는 깊은 물이기도 했다. 산그림자가 드리우기도 하고 구름그림자를 품기도 했다. 좀 높은 전망대에서 내려다보는 물줄기는 아름다운 곡선을 만들어서 그림 같았다.

얼마쯤 가다가 아주 정겨운 풍경을 만났다. 발을 내려놓으면 물이 닿을 듯한 나지막한 다리와 꼬맹이들의 목소리가 허공으로 퍼져나가는 작은 분교 운동장, 그리고 그 운동장 가에 자리하고 있는 600년 되었다는 느티나무가 울창했다.

우람한 자태를 뽐내는 느티나무가 아주 고귀해 보였다. 산뜻한 가을 햇살과 다정한 대화를 하듯 바람에 살랑거리는 잎사귀의 술렁임이 참으로 정겨웠다. 아주 작은 마을에 이런 거대한 나무가 있구나 싶은 마음에 자세히 올려다보고 있자니 마음 깊숙이 경외심이 일었다. 이 마을을 지키는 수호신 같아 보였다.

늙은 수피樹皮가 무척 단단해 보였다. 하지만 여러 갈래도 갈라져 건드리면 금방 벗겨질 것처럼 들떠 있기도 했다. 긴 세월을 보내는 동안 제 할 일을 했다는 훈장일 수도 있으리라. 저 많은 가지와 나뭇잎에 양분을 올리고 수분을 보충해 주는 역할을 하느라 얼마나 긴 세월을 고통스럽게 버티었을까, 때론 벌레들의 침입을 어찌하지 못하고 받아들여야 했을 것이고 비바람에 깎여 나가는 표피가 아프기도 했으리라. 꼬맹이들의 손놀림에 상처 자국이 생겼을 것이고 어느 연인들의 이름이 새겨지기도 했으리라. 그렇게 생긴 흔적들이 보기엔 좀 안 좋아도 나름대로 제 할 일을 다 했으리라는 생각이 든다.

끝없이 이어진 동강 길은 지도에서도 한참 긴 구간으로 표시되었었다. 그 구간의 아름다움은 내 기억 속에 지금까지 남아 있어 좋은 추억으로 새겨졌다. 그때를 생각하며 지도를 살펴보았다. 어디쯤인지, 어디로 어떻게 갔었던지를⋯⋯.

그런데 웬일인지 내비게이터 랩 지도에 내가 갔었던 길이 표시되지 않는다. 아름답다고 기억되었던 길로는 표

시되지 않고 먼 길을 돌아가는 길로만 표시됐다. 왜 그럴까 싶어 생각해 보니 그때쯤 그곳에 보洑를 만든다고 했던 것 같았다. 그래서 결국 그곳으로 가는 길은 차단되었나 보다. 무척 아쉬운 마음이 든다. 그래도 그 분교는 그대로 있는 것을 보니 느티나무도 보존되었으리라는 생각이 든다.

언제 기회가 되면 그 분교를 찾아가 보고 싶다. 자그마한 다리 위에 앉아 세월을 읽고 반짝이는 물결 속으로 아직도 파닥거리는 가슴을 풍덩 담가보고 싶다. 그 느티나무의 숨결을 느껴보고 긴 세월의 흐름을 짐작해 보고 싶다. 긴 세월을 살아온 경험을 듣고 살아가는 지혜를 배워보고 싶다. 그러다 보면 아직 남아있는 내 생은 참으로 알찬 삶이 될 것 같다.

사진 속에서 추억을 새겨보고, 여생을 갈무리할 영감을 얻는다.

산책길에서

매일 한 시간 정도의 산책을 한다. 나름대로 운동을 한다고 하는 산책인데 다른 사람에 비하면 그저 발자국만 찍고 오는 정도이다. 그래도 하루에 한 번은 꼭 하는 일로 정해져 있다.

우리 집은 전주천 옆이어서 산책하기가 참 좋다. 하루해가 기우는 저녁나절에 집을 나선다. 다른 때보다는 다소

느긋한 마음이 되는 시간이어서 하루를 마감하고 다음 날을 위한 휴식을 취하는 기분이다. 전주천의 물이 맑고 그 속에서 노니는 백로의 하얀 날갯짓이 사랑스럽다. 그래서일까 편안한 마음이 되는 시간이다.

시야에 들어오는 풍경들이 수채화처럼 은은하고 고즈넉하다. 위력은 잃어가지만 엇비슷이 비치는 햇살이 왠지 정겹고 살랑거리는 바람이 더없이 다정하다. 철 따라 피는 꽃들이 다양하고 풀벌레들도 살갑게 느껴진다. 그럴 때는 그냥 지나칠 수가 없다. 무조건 카메라 속에 담아 두었다가 심심하거나 필요하면 꺼내본다.

가다가 잠깐 물속을 들여다보기도 한다. 고기들이 떼 지어 몰려다닌다. 저들은 왜 저렇게 떼 지어 다닐까. 더 희한한 것은 그들의 움직이는 몸짓이 거의 똑같다는 것이다. 한 마리 한 마리 다르게 움직이는 것이 아니라 동시에 같은 방향으로 움직이며 이동한다. 아주 철저히 훈련된 군인들의 사열 같기도 하다. 저들에게도 나름대로 규칙이 있는 듯하다. 어찌 보면 세상사 돌아가는 것이 그냥 제멋대로는 아닌 듯싶다. 우리가 알지 못하는 세계에서도 지켜야 할 규칙은 있을 것이다.

운 좋은 날은 백로의 먹이 사냥을 보기도 한다. 움직이지도 않고 숨죽이고 물속을 들여다보고 있다가 순간 잡아채는 모습이 참으로 날쌔다. 물고기를 삼킬 때는 반드시 머리부터 삼킨다. 잡을 때 어느 방향으로 잡히든지 먹을 때는 꼭 머리부터 먹을 수 있게끔 방향을 바꾼다. 그 기술이 대단하다. 잠깐 입에서 떼는 순간 방향을 돌리면서 재빨리 다시 문다. 그때 잠깐 허공에 뜨는데 그렇다고 해도 절대 놓치지를 않는다. 아마도 비늘이나 날개의 방향을 삼키기 좋은 쪽으로 택하는 듯싶다.

그럴 때마다 생각하는 것이 있다. 순방향과 역방향, 우리가 살아가는 방식에도 두 가지 방식이 교차한다. 순방향인 날일 때는 행복한 마음일 것이고 역방향인 날일 때는 힘들고 어려울 것이다. 그렇지만 어찌 좋은 날만 이어질까. 때론 마음 아프고 고생스러운 날도 있지 않던가. 그래도 그런 것들을 꼭 나쁘게 생각하지만은 않는다. 어려움을 겪어 봐야지만 좋은 일이 더 값지게 느껴진다고 생각한다. 부족한 것에 대한 어려움을 모른다면 아무리 풍족해도 풍족함의 가치를 알지 못하는 법이다. 하지만 이왕이면 순방향의 날들이 많기를 바란다.

 방아깨비도 보았다. 참으로 오랜만이라서 무척 반가웠다. 우리 어렸을 적엔 방아깨비가 장난감이었다. 서로 한 마리씩 잡고 누구 것이 방아를 잘 찧는지 시합을 했다. 잠시 모습을 보여 옛 동심을 들추어 주더니 금세 포르르 날아가 버린다. 그 모습 뒤로 메뚜기를 잡아 풀줄기에 줄줄이 꿰어 가지고 불에 구워 먹던 기억이 가물거린다. 먹거리가 귀했던 그때의 그 맛은 잊을 수가 없다.

 이런저런 생각을 하며 걷다가 흠칫 놀라 뒷걸음질 쳤다. 뱀이 스르르~~ 지나간다. 섬뜩한 마음에 잠시 가슴이 콩닥거렸다. 그러나 그것도 어찌 보면 반가운 일인 듯싶다. 아직은 우리의 자연생태계가 건강하다는 증거 아닐까. 며칠은 그 지점을 살짝 돌아다니기도 했지만 대범해지자고 생각을 고쳐먹는다.

 바람이 서늘해지니 잠자리 떼가 한창이다. 금방 손에 잡힐 듯해 팔을 휘둘러보지만 어림없는 짓이다. '나 잡아 봐라!'는 듯 내 근처를 이리저리 날아다닌다. 그런 잠자리

떼 속을 거닐다 보면 나도 잠자리가 된 듯 함께 어우러진다. 그들이 스치고 간 코끝에 싸한 가을 기운이 감돈다. 나도 모르게 가을 노래를 흥얼거린다. 가을 노래들은 왜 그리 애잔한지……

 날이 좋으면 좋은 대로, 비나 눈이 오면 오는 대로 산책하는 것이 좋다. 꿀꿀한 기분을 풀어내기도 하고 입가에 미소가 번지는 일들로 행복하기도 하다. 그 누구와도 공유하고 싶지 않은 나만의 생각들을 펼치고 가다듬으며 걷는다. 이렇듯 하루의 정리 시간이지만 어찌 보면 평생을 정리하는 시간이기도 하다.

 산책길은 내 삶을 정리하는 길이다.

쇠백로

천변을 거닐다 보면 가끔 예쁜 쇠백로를 만난다. 새하얀 깃털이 아주 우아하고 멋있다. 움직이는 모습도 번잡스럽지 않게 조심조심 행동한다. 가만히 서서 한 곳을 눈이 뚫어져라 응시하고 있다가 어느 순간 먹이를 꽉 잡아채는 순발력이 대단하다. 느긋해 보여도 저런 반전이 있구나 싶어서 한참씩 구경하기도 한다.

그러던 어느 날, 의외의 장면을 보았다. 그날은 쇠백로보다 훨씬 큰 왜가리(?)인 듯싶은 새가 그 작은 쇠백로와 같은 장소에서 먹이 사냥을 하고 있었다. 쇠백로가 잡은 고기를 먹기 좋게 요리하느라 바위에 패대기를 치고 있었다. 잡은 먹이가 너무 힘차게 반항을 하니까 기절을 시키느라 그러는 모양이었다. 그런데 그걸 지켜보고 있던 왜가리가 조심조심 다가가더니 그만 그 먹이를 가로채 먹어버렸다. 순간의 행동이었다. 보는 내가 흠칫할 정도로 날쌘 행동이어서 어안이 벙벙해졌다. 먹이를 뺏긴 쇠백로는 아쉬운 듯 고개를 몇 번 흔들어대더니 어디론가 유유히 날아갔다.

　새를 쫓아가던 내 눈이 허공을 맴돌았다. 괜스레 내 마음이 휑해졌다. 약육강식이라고 했던가. 강한 자가 약한 자를 지배한다는 자연의 법칙이지만 때론 너무 야속할 때도 있다. 뭔가에 짓눌린 듯한 느낌을 억누르며 발걸음을 옮겼다. 이런저런 꽃을 보고 새롭게 돋아나는 풀들을 살피며 걷고는 있지만 머릿속에선 계속 힘없이 날아간 쇠백로의 모습이 떠나질 않았다.

동병상련이라고 했던가. 지금의 내 모습을 보는 것 같아 애착이 가기도 했다. 무슨 일이든 앞에 나서기보다는 항상 뒷전에서 맴도는 성격이다. 잘 알지 못해서 그러는 때가 많지만 더러는 알고도 모르는 척해버리는 때도 있다. 그런 일들로 인해 내 입장이 곤란할 때도 있지만 그래도 뭔가를 해결하겠다고 나서서 설치는 일은 하지 않으려 노력한다. 아니, 그런 용기도 없는 못난이 성격이기도 하다.

그러고 나면 나는 왜 이리 바보 같을까 싶어서 아쉽기도 하지만 마음 편하기도 하다. 그러다 보면 손해 보는 일도 있으니 이런 성격으로 지금껏 버텨온 것도 참 다행이다 싶다. 그러나 한 가지 확실한 것은 마음은 편안하다. 비록 내 안에 쌓여 있는 것은 없지만 마음만은 가벼우니 그것으로 만족해도 될 듯하다. 아니, 그렇게 마음먹자고 애써 태연한 척을 한다.

허공을 가르며 날아가는 쇠백로의 하얀 날개가 유난히 아름답다. 저 깨끗한 모습이 얼마나 아름다운가. 자기가 잡은 먹잇감을 뺏기고 떠나는 모습이지만 한 치의 원망이나 야속함 같은 것은 없어 보인다. 참 바보 같은 모습이 나와 닮았다. 그래서 조금은 위로가 되었던 것일까. 왠지 모를 편안함이 스며든다. 오래도록 가슴에 새겨두고 마음이 어지러울 때마다 꺼내보면 힐링이 될 것 같다. 산책하는 발걸음이 점점 가볍고 상쾌하다.

장화

장마가 길어지다 보니 산책할 때마다 신는 운동화가 있는 대로 다 젖었다. 비 오는 거리를 걷는 것은 좋아하는데 이 신발 때문에 꿉꿉한 기분은 어쩔 수가 없어서 장화를 샀다. 그런데 비가 오지 않는다. 나중에라도 언제든 써먹을 수는 있겠지만 뒷북만 친 셈이다.

그러다 오랜만에 비가 왔다. 기다렸다는 듯이 장화를

신고 산책을 나섰다. 신발도 젖을 일이 없고 양말도 뽀송하고 바지도 젖지 않아서 좋다. 그런데 산책을 마치고 집에 들어오니 이상하게도 뭔가 아쉬운 느낌이 들었다. 비록 젖어서 좀 꿉꿉하기는 해도 빗물에 좀 젖은 매무새가 더 정겨웠던 것 같았다.

젖은 운동화에서 올라온 물기가 양말을 적시고 바지를 적시면서 좀 묵직해진 하체가 무게를 잡아 주었을 것이다. 그것이 어찌 육체에서만 일어나는 현상이겠는가. 마음도 함께 곁들어서 살짝 건들기만 해도 폭발할 것 같았던 감정을 지긋이 잡아 내려주는 역할을 하지 않았나 싶다.

그렇게 몸과 마음이 함께 젖어 촉촉한 감정이 되곤 했다. 세상사 물결에 휩쓸려서 파닥거리는 감정보다는 자연 속에서 촉촉한 감정을 품고 산다는 것이 얼마나 큰 축복인가. 나는 그 촉촉한 감정을 품을 수 있다는 상황에 행복을 느낀다. 그래서 그 행복을 되도록 길게 이어보자고 발걸음이 점점 느려진다. 그런 날은 모두가 다 나긋나긋하게 보인다.

그렇게 세상을 사는 것도 그리 나쁘지 않은 것 같다. 몸도 마음도 나긋해지다 보면 세상사가 다 둥글둥글해지는 것 같아 살맛나는 세상으로 보인다. 그런 시간을 보내다 현관문을 밀치고 들어와 젖은 신발과 양말을 벗고 말끔히 씻고 나면 얼마나 개운하던가. 별로 씻을 것이 없는 것을 씻을 때와 꼭 씻어야 할 것을 씻을 때의 감정은 아주 다르다. 개운함을 느끼는 강도가 다른 것이다.

그러고 보니 장화가 그리 좋은 것만은 아니었다. 편리하고 고슬고슬하긴 했지만 반면에 감정은 점점 퍼석해지고 있었다. 차라리 좀 눅눅하고 꿉꿉한 그 감정이 더 나은 듯싶다. 그것이 비 오는 날의 운치 아니던가. 그렇다, 모든 사물에 대한 생각은 언제나 비교 대상이 있어야 한다. 그래야만 그 가치를 알 수 있는 것임을 새삼 다시 깨닫는다. 나쁜 것이 있어 좋은 것의 가치가 더 돋보이는 것 같다.

좀 불편하긴 해도 정서적인 면에서 얻을 것이 있다면 그리 나쁘지만은 않은 듯싶다. 하지만 이왕에 산 장화를 신지 않고 그냥 묵혀 두는 것도 바람직하지는 않을 터, 이제 비 오는 날은 장화 앞에서 망설이게 될 것 같다.

"장화를 신어? 말어?" 그것이 문제로다.

하얀 그림자

산속을 굽이굽이 돌아 너머에 있는 작은 학교, 그 학교 옆엔 사택이 있었고 그 사택 앞에는 두레박으로 퍼 올려야 하는 우물이 있었다. 한창 공부에 열중해야 할 고등학생 시절에 결핵을 앓았던 나는 휴학을 하고 집에서 요양을 하고 있었다. 그때 나의 바깥출입이란 겨우 그 우물가에 들랑날랑하는 정도였다.

누군가 우리 집에 오는 날엔 작은방에 숨어 있어야 했다. 학교에 가지 않고 집에 있다는 건 누가 보아도 문제가 있는 것 아니던가. 그래서 낮에는 방에 처박혀 책이나 보고 있었고 밤에만 바깥바람을 쐬곤 했다. 한동안 그렇게 유령처럼 살았다.

울컥울컥 쏟아져 나오는 선홍색 각혈이 그리 두렵지는 않았었다. 다만 그런 나를 멀리하는 사람들로 인해 받은 상처가 더 벌건 상처가 되어 대인기피증을 앓았다. 그저 사람 만나기가 싫었고 그럴 수밖에 없다는 사실에 서러웠던 날이 많았다. 그런 날엔 근처의 산 밑에 자리한 저수지를 찾아가곤 했다. 교실에서 열심히 공부하고 신나게 놀고 있을 친구들을 생각하며 한바탕 울고 나면 마음이 개운해졌다. 조금 편안해진 마음으로 앉아 있노라면 햇볕에 반사되어 반짝거리는 물너울과 살랑거리는 바람이 친구가 되어주었다. 그때로부터 혼자여도 외롭지 않았다. 그렇게 소녀시절을 보냈다.

붉은 자국 밑에 어리는 하얀 그림자, 굳어져 석회가 되어버린 하얀 그림자가 홀로 서기를 도와주었다.

유난히 달이 밝은 어느 날, 무심코 우물가로 나가던 내 발걸음이 순간 멈칫했다. 누군가 환한 달빛을 바라보고 있었다. 그 광경을 흐트러트리고 싶지 않아 잠시 숨죽이고 있었다. 그도 무심히 달빛만 바라보고 있었다. 그렇게 아무 말 없이 주고받았던 감정이 밝은 달처럼 하얗게 빛을 발했다. 혼기 찬 여인의 가슴에 알 수없는 물결이 출렁였다.

달이 너무 밝아 모든 물체의 그림자가 선명했다. 그 그림자 속에 출렁이는 마음을 숨기고 싶었다. 하지만 말없는 감정은 더욱 선명하게 도드라졌다. 물체들의 그림자가 선명한 검은 그림자였다면 내 마음속에 드리우는 그림자는 하얀 그림자였다. 아무도 모르는 해맑은 하얀 그림자. 그저 잠깐 스쳐지나가는 감정이겠지 싶었다.

그 잠깐의 감정이, 더도 덜도 아닌 딱 그때 그만큼의 감정이 지금껏 그대로 가슴에 남아 있다. 어떤 추억 하나 없는, 그렇기에 아무 의미가 없는 감정이었지만 그 감정이 있어 지나온 내 생이 그리 삭막하지는 않았던 것 같다. 마음 한구석 그런 촉촉한 감정이 있었기에 내 주위의 사람들과도 따듯한 정을 나눌 수 있었으리라.

해 저무는 하늘가에 붉은 노을이 번진다. 생을 정리할 즈음에 이르러 보니 이루어진 것들보다 이루진 못한 것들이 아쉬워서 가슴 뻐근해지는 날이 있다. 요즘 들어 가슴 밑바닥 한켠에 새겨진 하얀 그림자가 더욱 생각난다.

4부

흰진범

빗물소리 들으며

내 서재 옆에는 방처럼 만들어 놓은 작은 베란다가 있다. 한쪽은 그동안 꽃꽂이에 썼던 화병이나 수반에 말린 꽃들이 꽂혀 있고 가운데에 자리한 풍금은 손뜨개질로 만든 덮개가 운치를 더해주며 그 옆엔 책장이 있다. 하나 더한다면 아파트 맨 꼭대기에서부터 이어져 내려오는 홈통이 있다.

비가 오는 날엔 그 홈통을 타고 내려가는 빗물소리가 은근하고 감미롭게 내 귓전을 두드린다. 늦은 밤, 그 빗물소리 듣는 것을 좋아한다. 그런 날은 잠자리에 들어도 잠이 쉽게 오지 않는다. 집안의 모든 불이 다 꺼지고 어두컴컴해진 분위기 속에서 빗물소리를 듣고 있으면 내 영혼이 한없이 맑아지는 느낌이 든다. 많은 비가 거세게 내리는 날엔 시냇물 흘러가는 소리 같고 적은 비가 자근자근 내리는 날엔 누군가를 그리워하는 사람의 숨소리 같다.

비는 어딘가 모르게 애틋함을 풍기는 듯하다. '긴 머리 소녀'나 '유리창엔 비'의 노래 가사가 그렇고 '소나기'라는 단편 소설의 내용이 그렇다. 아쉬움이 담긴 이야기여서 더 가슴을 울렸으리라. 아니, 그럴 거라고 생각하는 내 마음이 뭔가 아쉬운 것이 많은 것인지도 모르겠다.

많이 웃고 열심히 배워야 할 내 소녀시절은 왜 그리 아픔으로 가득했을까. 병에 시달리며 주위 사람들에게 받은 상처 때문에 속앓이를 했다. 그저 야속해서 속울음을 품고 살았으며 그로 인해 대인기피증이 생겼다. 그 기피증은 길게도 내 삶의 언저리에서 맴돌았다.

가끔 그때의 내 아린 독백이 다시 꿈틀댄다. '필름처럼 잘라낼 수 있다면 잘라버리고 싶은 내 안의 어둠 조각들을 들키지 않았다는 안도감과 또다시 혼자라는 허탈감 속에서 곤두박질쳤다.'라는 독백.

그래서인지 지금도 늘 혼자 놀고 혼자 여행하기를 좋아한다. 누군가와 대화를 나누면서 신경을 써야 하는 일에 에너지를 소비하는 것보단 나만의 세계에 빠져 상상의 나래를 펴는 것이 좋다. 나만의 세계에서 내가 어떤 생각을 하고 어떤 행동을 한들 무슨 탓을 듣겠는가.

해당화 핀 바닷가를 찾아 파도와 마음 나누고 높은 산골짜기의 산들바람에 땀방울을 씻으며 수많은 야생화와 눈 맞춤한다. 끝없이 펼쳐진 들녘을 달리며 풍요로움을 만끽하고 굽이굽이 돌아가는 강변을 드라이브하며 강물의 정겨움을 감상한다. 그러면서도 마음 한구석엔 왠지 모를 허전함이 맴돌곤 했다. 빛바랜 필름 한 장에서 꿈틀대는, 평생을 안으로만 접어 두었던 속울음, 그것을 품어내고 나면 헛헛한 가슴에 새살 돋지 않을까 했지만 한번 자리 잡은 흉터의 흔적은 길게도 마음을 할퀸다. 하지만 그런 생활이 내 감성을 더욱 깊게 만들었을 것이다.

나를 잘 아는 분이 내게 한 말이 생각난다. "너의 그 굴곡진 삶이 글을 쓰게 된 동기가 됐을 것이다."라고. 어쩌면 맞는 말인지도 모르겠다. 그런 아픔이 있었기에 내 감성이 촉촉해졌을 것이고 그것이 문학의 발판이 되었을 것이다. 그러고 보면 그런 아픔을 겪은 것이 결코 나쁜 것만은 아닌 듯싶다.

홈통으로 흘러내리는 빗물소리를 들으며 비 오는 날 산책길에서의 있었던 일들을 더듬어 본다. 우산으로 떨어지는 빗소리가 듣기 좋다. 톡톡거리는 소리는 누군가 내 마음을 노크하는 소리 같다. 자주 보는 사람의 말소리 같기도 하고 얼굴조차 희미한 사람의 마음소리 같기도 하다.

희미하도록 긴 세월 동안에도 잊히지 않고 생각난다는 의미는 무얼까. 잠시 스쳐 지나가는 감정일거라 생각했던 것이 이리 길게도 이어지는 걸 보면 그저 가벼운 감정은 아니었던 것 같다. 그런데 그땐 왜 그걸 몰랐을까.

수면에 떨어지는 물방울들이 보기 좋다. 자세히 보고 있으면 마치 물꽃이 피는 것 같다. 수없이 피고 지는 많은 물꽃을 보고 있으면 마음속에서도 꽃이 핀다. 어느 시인이 그랬던가. '눈이 부시게 푸르른 날엔 그리운 사람이 더욱 그립다'고. 나는 비가 오는 날에 그리운 사람이 더욱 그립다.

  빗물소리를 들으며 내 아픈 기억들을 다독여 주고 펴보지 못한 감정을 부풀려 가슴을 데운다. 다시 옛 시절로 돌아갈 수 있다면 가슴 가득 예쁜 꽃을 피워보리라고.

  꼬리를 물고 이어지는 생각들로 깊어가는 밤. 점점 잦아드는 빗물소리가 자장가 되어 잠시 부픈 마음을 살포시 잠재운다.

까치의 울음

하루 중 산책하는 시간이 제일 한가롭고 마음 편안하다. 답답한 공간에서 벗어나 탁 트인 풍경을 마주하다 보면 복잡한 문명의 흔적들은 지워지고 순수한 감정이 된다.

머리칼을 날리는 산들바람도 좋고 눈을 살짝 감기게 만드는 쨍한 햇살도 좋다. 비가 오나 눈이 오나 나름대로 분위기 있어서 좋다. 그때그때 색다른 감성이 마음속에 출렁인다. 내가 사는 가까운 곳에 이렇듯 산책하기 좋은 장소가 있다는 사실이 감사하다.

천변 따라 산책하다 보면 이것저것 볼 것이 많다. 야생화부터 물속에서 노니는 오리들이나 우아한 날갯짓으로 허공을 가르며 날아가는 하얀 쇠백로 등등이다. 간혹 약육강식의 법칙에서 어쩔 수 없는 광경을 보기도 하지만 어느 정도 감수해야만 하는 자연의 법칙이려니 한다. 그러나 그것이 인간의 흔적이 들어간 일이라면 왠지 안타까운 마음을 어쩔 수가 없다.

천변 따라 이어진 가로수들이 수난을 겪는다. 무성한 잎들을 제거하는 작업을 하고 있다. 풍성한 모습이 보기 좋은데 굳이 저렇게 뭉텅뭉텅 잘라내야만 할까 싶지만 그만한 이유가 있겠다고 생각한다.

군데군데 잘린 나무둥치들이 쌓여 있다. 작업한 지 얼마 되지 않아서 짙푸른 잎사귀들이 아주 싱싱하다. 생명줄은 끊어졌지만 그 모습만은 아직 풍성해서 보기 좋다. 그래서 걸어가면서도 자꾸 들여다보곤 하는데 어디에선가 까치 소리가 들린다. 그런데 왠지 그 소리가 평소 같지 않고 조금은 수다스럽고 날카롭게 들렸다. 무슨 일일까 싶어 자세히 살펴보니 까치 두 마리가 나무 무더기 앞에서 오락가락하며 울어댄다. 웬일일까.

평소에 나무 근처에서 그 까치를 자주 보았었다. 아마도 그 나무속에 둥지가 있지 않았을까. 그 둥지 속에 알이나 새끼가 있었을 터인데 나무가 잘려버렸으니 저리 안타까운 일이 되었지 싶다.

애간장이 다 녹아내리는 듯한 울음이 계속 이어졌다. 차마 발 돌리기가 안타까워서 한참을 바라보고 있었다. 사람이 눈여겨보고 있다는 것이 부담되었을까. 그 자리를 떠나서 높은 나무 위로 올라갔다. 그곳에서도 계속 울어댔다.

아마도 자리를 비켜주어야 할 것 같았다. 잘린 나무를 수거해 가기 전까지만이래도 가까이서 지내게 해 주는 것이 좋을 것 같다. 무거운 발걸음으로 그 자리를 비켜주고 돌아와 앉아 있노라니 그 울음의 여운으로 귀청이 술렁인다.

이후로 그 까치들의 모습이 보이지 않았다. 그런데도 내 귀청엔 여전히 울음이 들린다. 아니, 내 어머니의 울음이 들리는 듯싶다.

애간장 녹아내리는 그 울음이…….

저녁노을

사진첩을 뒤적이다가 저녁노을 사진을 보았다. 큰 느티나무가 있고 붉은 해가 수평선을 넘어서고 있었다. 느티나무 모양이 V자로 되어 있었고 해가 그 사이에 끼인 것처럼 보이는 위치에서 찍은 사진이었다. 그리고 그 사진에 짧은 문장이 곁들여져 있다.

속절없이 지는 해,
무엇으로 막으랴!
그냥 망연히 바라보고만 있다가
느티나무로 커다란 받침대 만들어
지는 해를 받쳐두고 싶었다.

  처음엔 그저 구도가 좋다는 생각에 찍은 사진이었다. 그런데 볼 때마다 사진의 느낌이 달라졌다. 저 해가 꼴깍 넘어가 버리면 그날 하루가 나이를 채우는 날이 되기에 더 이상 넘어가지 않았으면 좋겠다는 생각이 들었다. 그렇게 가는 세월을 막고 싶었는지도 모른다.

그러나 나중엔 점점 느낌이 달라져 갔다. 왠지 모를 포근함이 스며들기도 하고 마음이 편안해지는 느낌이 들기도 한다. 아침노을을 찍은 다른 사진도 있기는 하다. 그런데 이상한 것은 아침노을보다 저녁노을에 더 정감이 가는 것이다. 그 이유는 뭘까. 아마도 내가 이제 저 해가 넘어가는 정도의 나이가 되었기 때문일 것이다.

어쩌면 나는 지금 나이에 대해 합리화를 시키는 것인지도 모르겠다. 젊었을 땐 지금 내 나이의 사람들이 많이 늙었다고 생각했는데 내가 이 나이 되어보니 아직 늙었다는 생각이 들지 않는다. 아니, 조금은 부정적으로 보았던 부분들이 이제는 긍정적으로 바뀌어 가고 있다. 어려서는 내 할머니에 대해 이해가 되지 않았던 일들이 내가 할머니 나이가 되고 보니 그때의 할머니 행동이나 말씀이 이해된다.

노을빛은 펼쳐지는 풍경에 따라 그때그때 감성이 다양하다. 어쩌면 내 마음의 변화에 따른 느낌이리라. 산속에서 찍은 저녁노을 사진에서는 산마루의 흐름이 느껴지고 갯벌에서 찍은 저녁노을에서는 질펀한 질곡이 느껴진다.

흐르는 강물에서 찍은 사진에서는 정겨움이, 모래밭에서 찍은 사진에서는 발바닥 사이로 스며드는 간지러움이 느껴진다.

　백두대간을 넘나들다 보는 노을 앞에서 울컥했던 기억이 있다. 산속을 걷는 일이 너무 힘들어서 도저히 더 이상 걸을 수가 없을 정도가 되었을 때이다. 예약한 산장까지는 아직 먼 길이 남았는데 해는 저물어 가고 있었다. 두렵기도 하고 힘들기도 해서 눈물이 나는데 그때 찬란하게 붉은 노을이 눈에 들어왔다. 그때 깨달은 것이 있었다. 그 노을이래도 좀 더 긴 시간 머물러 있다면 얼마나 좋을까 하는 생각이 간절했었다. 간절함을 느끼는 순간만큼의 순수한 마음을 따를 것은 없으리라.

　그 이후로 저녁노을에 대한 감정의 깊이가 달라졌다. 저녁노을 속에서 보는 모든 풍경이 참 아늑하고 포근하다. 그 순간만큼은 늘 좋은 추억이 떠오르고 아름다운 일들을 상상한다. 못다 한 정을 키우고 못 해본 말들을 웅얼거리기도 한다. 나만의 세계에서 또 다른 삶을 키워보기도 한다. 그렇게 남은 생을 살찌우고 있다.

몇십 년의 만남을 이어온 친구와의 우정은 말이 없어도 소통이 되고 안경 없이 책을 대할 수 없지만 아직 무언가를 배우고자 하는 욕망이 꿈틀거린다. 여러 문학 활동을 하고 각 단체에서 맡은 임무를 다하기 위해 밤샘을 하기도 한다. 비록 작은 일들이지만 아직은 뭔가 책임을 맡고 있다는 사실에 보람을 느낀다.

별나게 떠들썩하지는 않아도 서로를 아끼는 가족이 있고 아이들에 대한 책임감에서도 벗어났으니 마음이 가볍다. 사는 일에 불편하지 않는 정도의 경제적 여유와 특별히 장애가 없는 건강한 신체가 더없이 감사하다. 집 근처에 산책하기 좋은 곳이 있어 건강을 챙기고 철 따라 피는 야생화의 향기에 취할 수 있어 행복하다. 베란다 화분에서 피는 꽃송이에 눈길을 주고 별 반짝이는 밤하늘 올려다볼 감성을 누리고 있는 이 삶이 충만하다. 이만하면 내 생이 풍요롭지 않은가.

요즘은 내 눈과 마음에 가득 차 있는 저녁노을이 더욱 아름답다.

동動

지중해에서 보는 풍경이 특별했다. 풍경이 아닌 마음이 특별했다고 해야 할까. 산마루와 수평선을 기준으로 위아래가 같은 색으로 물든 노을에 빠져들어 넋을 놓고 바라보았다.

잠시 멍때리고 앉아 있자니 머리가 맑아진다. 참으로 머리가 개운한 시간이다. 모든 것 다 잊어버리고 이렇게 살고 싶다는 생각이, 아니 욕심이 생긴다. 이리 좋은 풍경 앞에서 웬 생각이 마음을 흩뜨려 놓는가. 가슴 밑바닥에서 헛된 욕심이 꿈틀댄다.

출렁이는 물결이 꼭 내 마음 같다. 하늘의 노을처럼 흔들림이 없으면 좋으련만 물결 속으로 빠져든 노을처럼 쉼 없이 출렁거린다. 이런 내 속마음이 못마땅하다. 이 나이 되었으니 좀 묵직하게 움직였으면 좋으련만 아직도 철없는 소녀처럼 파닥거리는 나 자신이 미련하고 우둔해 보인다.

얼마나 시간이 흘렀을까. 내 마음이 어느덧 하늘의 붉은빛보다는 수면의 붉은빛에 기울어지고 있다. 바람이 스쳐 갈 때마다 조금씩 출렁거리는 물결에 더 친근감이 든다. 왜일까. 도무지 이해가 되지 않는다. 그러나 시간이 흐르면서 마음 한구석에 고개가 끄덕여지는 긍정의 빛이 감돌았다.

물결이 출렁인다는 것은 바다 표면이 살아있다는 것이리라. 죽은 듯이 누워 있는 것이 아니라 살아 움직이기 때문에 갖가지 물결이 생긴 것이다. 어느 것은 평화스럽게 어떤 것은 힘들게 어떤 것은 애잔하게 움직이면서 바다를 수놓고 있다. 바다가 한 가지 모양으로 조용하게 누워만 있다면 얼마나 답답하고 쓸쓸할까. 바람 부는 대로 출렁이며 갖가지 표정을 만들어 내는 것이야말로 살아 움직이는 바다가 되는 것이다.

  인간의 마음도 같지 않을까. 모든 것에 만족해서 느긋하고 평온한 표정도 좋겠지만 뭔가의 생각 때문에 이리저리 꿈틀대는 감정이 더 인간적이지 싶다. 사람들과 어울리며 웃기도 하고 다투기도 하면서 출렁거리며 사는 것이 더 활기찬 모습이리라.

빙하의 침묵

― 스위스 융프라우를 오르며

동경의 대상이었다. 동경이 현실로 이루어지면서 국적을 달리한 나그네가 되었다. 누구의 간섭도 받지 않는 나만의 세계로 들어가는 길, 융프라우는 그렇게 나를 빙하 속으로 이끌었다.

기차와 케이블카를 번갈아 갈아타며 빙하로 올라가는 길은 상상의 나래를 펼치는 길이었다. 그러나 첫 번째 대면에서 매우 실망했다. 내가 상상했던 빙하가 아니었다. 거대한 얼음덩어리가 끝없이 펼쳐져서 그 끝을 가늠할 수 없는 면적이어야 했다. 그런데 내 눈동자 안에도 다 들어차지 않는 빈약한 공간이었다. 이상 기후로 점점 녹아가기 때문이란다.

그래도 반가웠던 것은 비록 덩치는 작았지만 그 색깔은 정말 해맑은 옥빛이었다. 그 아름다운 색깔을 어떻게 표현해야 적절할까. 섣불리 어쭙잖은 수식어를 붙였다가는 되돌릴 수 없는 오류를 범할 듯싶다. 고지대라서 눈발이 간간이 흩날리는 바람에 그 색을 제대로 볼 수는 없었지만 형용할 수 없는 고결한 빙하 앞에서 감히 색을 논할 수가 없었다. 그 순간만큼은 그 어느 잡스러운 빛도 얼씬거리지 않았다.

아! 저런 아련한 빛을 온전히 내 빛깔로 만들 수 있을까. 그러기에는 내 안의 얼룩들이 너무 많은 것 같다. 저 맑은 색깔은 내 안의 얼룩들로 빛을 볼 수 없을 것 같다. 왜 나는 좀 더 맑은 마음으로 살지 못했을까. 온갖 고뇌와 욕심과 병으로 상처 나고 멍들어 버렸을까. 이제 인생을 정리할 즈음인데도 아직 나는 헛꿈을 꾸고 있는 것 같다. 그야말로 멍한 시간 속에서 헤엄치고 있다. 어떤 것이 이 방황의 터널 속에서 빠져나오게 해줄는지.

내려오는 도중에 얼음동굴 체험을 했다. 빙하 속을 거닐어 본 것이다. 정말 빙하일까 하는 마음으로 만져 보니 차가운 기운이 뼛속까지 스며든다. 몇천만 년 전, 이 세상이 빙하기에 접어들면서 모든 생물이 사라졌다고 했던가. 그런데도 새로운 생명체가 생겨나 긴 세월 동안 이 지구를 점령하고 있다. 어쩌면 차가운 빙하였기에 생명의 씨앗이 보존되었는지도 모르겠다. 그러면서도 그 긴 세월 동안 전혀 내색하지 않고 모든 것을 감싸안고 있었던 것 같다. 거대한 빙하의 침묵이다.

자연의 섭리가 내 작은 가슴으로 조금씩 스며들기 시작했다. 우리 인간은 저 거대한 자연 한 자락 어느 모서리에 찍혀 있는 존재일까. 그저 바람결에 흩날리는 먼지 한 점에 불과하리라. 그러면서도 욕심은 헤아릴 수 없는 커다란 솜뭉치 같다는 생각이 든다.

그런 면을 생각해 보면 우리 인간에게도 빙하의 존재가

꼭 필요하다는 생각이 든다. 꺾일 줄 모르는 인간의 욕망을 한순간만이래도 잠재울 수 있지 않을까. 빙하 속에서는 모든 생명이 멈추어 있듯 인간의 욕망도 멈출 수 있겠다 싶다. 그동안만이라도 지구가 좀 맑아지면 좋겠다고 상상해 본다.

인간으로 태어나 한 생을 살면서 어느 한순간만이라도 해맑은 마음으로 살아 보고 싶다. 빙하 같은 옥빛 한 줄기 품어보고 싶다.

언덕폭포

　이미지가 달라도 한참 달랐다. 폭포를 보러 간다기에 높은 곳에서 시원스레 쏟아지는 폭포이리라 생각했기 때문이다. 그런데 '저게 폭포라고?'하는 의아심을 품게 만들 정도로 시원찮은 폭포였다. 시큰둥한 마음으로 일행들을 따라나섰다.
　그래도 하늘이 맑아서 다행이라고 애써 마음을 달래며

걸음을 옮겼다. 조금 가다가 호수를 만났다. 호수 빛이 하늘보다 더 맑아서 한참을 들여다보았다. '이렇게 맑은 호수도 있구나.' 싶더니 짙은 청록색의 빛이 시야를 가렸다. 꽤나 깊어 보인다. 그런가 하면 발 담그고 앉아 노닥거리면 좋을 만한 작은 호수도 있다.

그런저런 호수들이 끝없이 이어졌다. 그 사이를 흘러내리며 좔좔거리는 물소리들이 아기자기하게 들린다. 이것이 폭포란다. 골목길에서 노는 꼬맹이들의 목소리가 이 정도 될까. 조잘대며 서로 아옹다옹하면서도 돌아서면 너 나없이 환하게 웃는 아이들 모습처럼 사랑스럽다. 그런 물이 흘러내리는 작은 언덕들을 두어 시간 걸었다.

유네스코 세계 자연유산인 크로아티아의 국립공원이다. 16개의 호수와 92개의 폭포가 태고의 원시림 풍경을 만들고 있어 마치 요정이 살고 있는 것 같은 느낌을 준단다. 공원의 규모가 커서 제대로 보려면 3일 정도는 걸린다는데 겨우 두어 시간 정도의 구간만 본 것이니 그저 일부분일 뿐이다. 하지만 여느 여행과는 달리 가슴 깊숙이 들어온 느낌이 오래도록 남았다.

이끼가 가득 낀 바윗돌 사이로 흘러내리는 물은 물거품이 가득했다. 초록의 바윗돌과 옥빛의 물과 새하얀 물거품의 대조는 그 어느 것과도 비교할 수 없는 아름다운 조화였다. 그중에서도 막대기로 건져 올리면 한없이 길게 딸려 올라올 것 같은 거품들이 백미다. 흠뻑 부푼 비누거품 같아서 몸과 마음을 씻으면 온갖 잡때가 다 씻겨 나갈 것 같다. 어쩌면 마음 수양하기에는 더없이 좋을 트레킹 코스다.

어디 그뿐이던가. 튀어 오르는 탱글탱글한 물방울들에서 무지갯빛이 어른거렸다. 수많은 물방울과 햇빛의 각도에 따라 잠깐씩 스치는 빛은 각각의 색을 품어내는 것 같다. 물방울의 존재가 더없이 귀하게 느껴졌다. 비록 눈에 잘 띄지 않는 크기이지만 그 존재만큼은 어느 것에 못지않게 큰 비중이리라.

아름다움에 취해 발걸음이 자꾸 느려졌다. 하지만 꼭 아름다움 때문에 터덕거리는 것만은 아니었던 것 같다. 이끼 낀 바윗돌은 잘못 디디면 넘어질 것 같으니 중심 잡는 힘이 약한 나는 아예 발을 들여놓으면 안 될 것 같고 옥색처럼 맑은 물빛 속을 계속 들여다보다가는 내 어수선한 속내가 들여다보일 것 같아 두려웠다. 또한 물거품으로 씻어낸들 내 몸과 마음이 원하는 만큼 말끔해질까 싶기도 했다. 그런저런 생각들로 내 발걸음이 자꾸 터덕거렸다.

그래도 맑고 고운 호수를 바라보며 구불구불 이어진 언덕길을 따라 걸으면서 차차 뭔가 알 수 없는 충만함을 느꼈다. 눈으로 보는 풍경에서 마음으로 건너오는 그 무엇이 마음을 포근하고 편안하게 만들었다. 두어 시간의 짧은 시간이었지만 지금껏 살아온 시간이 함축된 듯 것 같은 느낌이 들었다. 풍경을 구경했다기보다는 내 생을 정리해 보는 시간이 되었다고 해야 할 것 같다.

바닷물은 출렁이는 물결이 있어야 살아 있는 바다가 되는 것이고 하늘은 검은 구름이 있어야 맑은 하늘의 존재가 드러나는 법 아니던가. 세상사 힘든 일에 마음 괴로운 일을 겪어 보아야 평온함의 진실과 삶의 가치를 제대로 알 수 있으리라는 생각이 든다. 그러니 그동안 살면서 겪었던 안 좋은 일들에 대해 그리 애석한 마음을 품지는 말아야겠다. 좋은 일도 있었으니 그것으로 상쇄하면 좋을 것이다. 좋았던 일과 상심했던 일들을 놓고 저울질하지도 말아야 하리라. 아직 남은 생이 있으니 그날들에 희망을 걸어 보기로 하련다.

어떤 단어로 그 폭포를 표현하면 좋을까. 그냥 폭포라고 하기는 표현이 너무 거창하다. 그렇다고 폭포라는 단어를 붙이지 않는다면 너무 서운하다. 이리저리 머리를 굴리다가 작은 언덕을 오르는 듯한 폭포였으니 '언덕폭포'라

이름 짓기로 했다.

'언덕폭포'. 내가 이름 만들어 놓고 혼자 만족한 미소를 짓는다. 그 언덕에 나의 폭포도 하나 만들어 놓고 싶다. 때론 시원하게, 때론 신중하게, 때론 아련하게 내 마음속을 들여다보기도 하고 품어내기도 하면 좋지 않을까. 비록 다시는 더 볼 수 없겠지만 마음 안에 간직해 두고 내 삶의 좌표로 삼으면 좋을 듯싶다.

오늘도 하루 일정을 마무리하고 사진 속 언덕폭포를 들여다보며 마음을 정리한다.

에펠탑

그저 쇳조각이었다. 내가 알고 있는 것 중 가장 뚜렷하고 강렬한 인상으로 남는 건축물인 에펠탑은 그야말로 수많은 쇳조각에 불과했다.

불편한 좌석 틈에서 몸부림치며 12시간을 넘게 날아 찾아간 대가라고 하기에는 뭔가 매우 부족한 인상으로 남았다. 어느 사진에서나 멋들어진 모습으로 사람들의 마음을 움켜쥐었던 건물이지 않았던가. 그런데 그리 초라해 보이다니. 너무 기대가 컸나 보다. 하지만 그런 생각은 잠깐 순간에 그쳤다. 한껏 부풀었던 기대에서 온 실망감을 내려놓자 파리라는 도시의 가치가 보였다.

수많은 쇳조각 사이로 내려다본 파리 시내 전경은 무척 다소곳한 모습이었다. 역사적인 기록을 떠나서 보는 파리 시내의 전경은 그야말로 고즈넉하고 평온한 도시였다. 속이 확 뚫릴 듯한 곧은 직선거리와 그 사이로 빗살처럼 뻗어나간 도로, 그 뒤로 펼쳐지는 지평선 등등. 360도를 돌면서 내려다보이는 풍경들이 끝없이 이어졌다.

유유히 흐르는 센 강을 따라 움직이는 유람 선상에서 보는 에펠탑 또한 어느 방향에서 보아도 멋졌다. 때론 가까이서 때론 멀리서 보는 각도에 따라 변화하는 모양마다 새로운 작품을 보는 듯했다. 그것은 차디찬 느낌보다는 따뜻한 생명의 피가 돌고 있는 자태였고 나라를 대표하는 모성애 같은 감정이 도사리고 있었다. 이거였구나. 에펠탑이 파리의 상징인 건물이 된 것이…….

파리 시내에서 보는 에펠탑과 에펠탑에서 보는 파리 시

내의 모습에서 경건함과 평온함이 곁들여진 도시라는 확신이 들었다. 한낮 쇳조각들의 모습이라고 치부해 버리기에는 너무 깊은 의미가 담겨 있는 건물이었다.

비록 쇳조각에 불과했지만 그 조각 하나하나에는 깊은 뜻이 어려 있는 듯했다. 재료로서의 존재. 만든 사람의 존재, 많은 사람에게 보이는 존재 등등. 이런 것들이 서로 어우러져서 이루어진 건물이리라. 이런 어울림이 있었기에 세계적인 명소가 되었구나 싶다. 어울림이라는 단어가 새롭게 다가왔다. 어느 곳에서 보아도 우뚝 솟아오른 모습과 근처의 풍경은 참으로 멋진 광경이었다. 이 세상에 존재하는 모든 것엔 각자에게 맞는 어울림의 존재가 있다는 것이 실감 나게 다가온 계기가 되었다.

또한 인간의 세계에서도 어울림이라는 존재가 중요한 것이리라. 나와 타인과 어울림, 우리와 다른 이들의 어울림, 이 단체와 저 단체의 어울림 나라와 나라와의 어울림 등등.

수없이 많은 어울림이 엮이어 사회가 되고 인류가 되고 세계가 되는 것이 아니겠는가. 어떤 것이 아무리 아름답고 좋다고 해도 나와 관계가 없는 것이라면 별 의미가 없을 터이니 지금의 내 존재도 아름다운 것임을 인식하게 된 여행이다. 나이 들어감에 따른 좌절감, 남들보다 뒤떨어지는 것에 대한 피해감 같은 것들에 대한 마음을 곱게 정리해 보는 계기도 되었다. 굳이 들추어 내지 않아도 되는 것까지 생각해 가며 움츠러들었던 일들이 마냥 아쉽다.

또한 다른 나라의 아름다움을 감상하게 된 것이 감사하다면 내 나라의 아름다움도 함께 감사하는 마을을 가져야 함을 터득하게 된 뜻깊은 여행이다. 다른 나라의 경치 앞에서 감탄하면서 내 나라 경치에는 덤덤했던 일, 늘 편하게 살고 있으면서 불편하게 살아가는 사람들의 애환은 모르고 지냈던 일 등등이 새삼스럽게 가슴에 스며들었다.

넓고 깊게 보아야 할 것들이 참 많다는 사실을 알게 되었다. 역시 보이는 만큼 느끼고 아는 만큼 터득하게 된다는 말이 맞는구나 싶다. 그동안 다녔던 국내 여행지에 대해서도 새로운 마음으로 의미를 새겨볼 일이다. 그러기 위해서 새로운 마음으로 다시 시도해 볼까 싶다. 앞으로 기회가 주어진다면 더 많은 나라를 찾아 아름다움을 감상하고 그에 비례해서 내 나라의 아름다움도 깊이 느껴볼 기회를 만들고 싶다.

"움직일 수 있을 때 많이 움직이고 볼 수 있을 때 무엇이든 보고 배워라."고 하시던 할머니의 말씀이 내가 할머니 나이가 되어서야 비로소 이해된다. 비록 많이 보지 못하셨어도 사람 사는 이치에 대해서는 연륜이 있으셨던 모양이다. 역시 삶의 경험은 무시할 수 없는 일인 듯싶다.

파이프오르간
― 프라하의 성바투스 대성당에서

 어딘가에서 가느다랗게 울리는 종소리를 신호로 프라하의 도심에 있는 모든 성당 종소리가 일시에 울려 퍼진다. 종의 크기에 따라 음의 깊이가 다른 탓일까. 각각 다른 음색이 온 시내에 웅장하고 중후한 느낌으로 퍼진다.
 얼마나 종이 크면 소리가 그리 우람할까. 그 중후함에 잠시 넋을 놓고 귀 기울였다. 온 세상이 경건하게 느껴진다. 무언가에 홀린 듯 얼마 동안 종소리를 듣고 나서야 미사를 드리고 싶다는 막냇동생을 따라 성당 안으로 들어갔다. 먼저 어마어마한 크기에 압도당했다. 천정은 고개를 완전히 뒤로 젖혀야만 볼 수 있었고 스테인드글라스로 된 창문의 화려함에 눈이 황홀했다. '그림으로 표현한 성경'이라고 했던가. 갖가지 그림들이 화려한 빛으로 아름다움을 발산한다.

 나와는 상관없는 종교이지만 먼 나라의 성당에서 예배를 드렸다. 거부감은 없었다. 어쩌면 여행의 일부분이라서 체험을 했다고 하는 것이 맞을지도 모른다. 어느 종교이든 궁극적인 목적은 다 같을 것이라 생각했기 때문이리라.

 미사 중간에 파이프오르간 소리가 울려 퍼진다. 그 소리에 또 한 번 감동이다. 세상에 그리 아름다운 소리가 있었던가 싶다. 그 넓은 공간을 다 채우고, 그 많은 사람의 귀와 마음속에 들어가 울림을 튕겨내는가. 새삼 울림의 미학을 새겨본 계기가 되었다.

 지난해 서유럽 여행 때는 에펠탑에서 어울림의 미학을

느꼈다면 이번 동유럽 여행 때는 성당에서 울림의 미학을 느꼈다. 울림에 대해 이처럼 경건함을 느껴 본 적이 언제였던가. 사찰에서 울리는 종소리에 마음을 가다듬어 본 적이 있긴 하지만 그것과는 또 다른 차원의 울림이었다. 산속의 사찰에서 듣는 울림이 조용한 울림이라면 성당이 가득한 도시에서 듣는 울림은 웅장한 울림이었다. 종교는 다르지만 경건함이 솟구쳤다.

역시 인간은 기본적으로 어딘가에 의지하고 싶은 마음인가 보다. 제아무리 잘났다고 우겨보아도 마음속 근본은 항상 무언가에 기대고 싶고 의지하고 싶은가 보다. 그러기에 종교가 생긴 것 아닐까. 사실 나도 어머니 때문에 절에 다니다 보니 불교 쪽으로 마음이 이어져 있음을 느낀다. 그래서 누가 종교가 뭐냐고 물으면 불교 쪽이라고 말한다. 그것은 내놓고 불자라고 하기에는 너무 먼 거리에 있기 때문이다. 하지만 누군가가 나의 글을 보고 불심에 젖어 있다고 하는 것을 보면 나도 모르게 그렇게 젖어 들었나 보다.

종교의 종류가 뭐가 중요할까. 어떤 종교가 되었든 마음의 은신처가 된다면 그것으로 만족하지 않을까. 나는 다른 종교의 다름에 대해 그리 민감하지 않다. 그래서 불자이면서도 성당의 종소리와 파이프오르간 소리가 그리 좋았던가 보다. 그날의 느낌은 두고두고 내 마음에 자리하고 있을지도 모르겠다.

  그 울림이 스며들어 내게서 아주 적은 울림의 징조라도 느껴진다면 더없이 행복하겠다.

5부

하늘말나리

해당화

향기조차도 알싸하다. 인적 드문 바닷가 풀숲에 숨은 듯 피어 있는 모습도 알싸하고 저 멀리 수평선을 바라보는 자태로 발돋움하고 있는 모습도 알싸하다. 요란하지 않으면서도 곱고 한꺼번에 몽땅 피지 않고 간간이 한 송이씩 피는 꽃이라서 더욱더 애잔하다.

어찌 풀숲에 숨은 듯 피어 있는 꽃만 그러하랴. 모래밭

위에 살포시 주저앉아 있는 듯한 모습 역시 알싸하다. 스치고 지나가는 바닷바람에 할퀴고, 뒹구는 모래알에 부딪히고, 쏟아지는 햇살에 데어 상처를 입기도 했다. 가만가만 다가가 귀 기울여 보면 몸살 앓는 소리가 들린다.

지나가는 배 한 척 없고 끼룩거리는 갈매기 한 마리 없는 적막한 바다. 해당화와 나만이 나누는 감정이 빈 해변을 채운다. 알 수 없는 서러움에 울먹이는, 아파도 아프다고 말하지 못하는, 행여 상처 입을까 미리 마음 닫아버리는, 해당화에서는 그런 감정이 느껴진다.

그래서일까. 꽃잎에 그늘이 진다. 고운 색깔 속에 숨겨진 짙은 그늘에 끌려들어 어느 사이 해당화와 한 속으로 수평선 바라기가 된다. 먼 수평선을 배경으로 유난히 반짝거리는 윤슬이 눈꺼풀을 자극한다. 햇살만큼이나 강한 빛의 반사 때문에 눈이 자꾸 거슴츠레해진다. 그래도 눈 돌리고 싶은 않을 만큼 아름다운 물길이다. 저 물길은 어디로 통하는 길일까.

이곳저곳에서 팔짝팔짝 뛰어오르는 고기가 있다. 숭어철이라던가. 자세히 보려고 천천히 바닷물 쪽으로 다가가 본다. 하지만 인기척에 도망해 버린 걸까. 아쉽게도 햇빛에 반짝이는 고기 비닐의 묘기는 끝나고 말았다. 마음이 머쓱해져 버렸다.

머쓱해진 마음을 다스려 보고자 가만히 서 있는 발밑으로 스르르 밀려들어오는 물. 두어 번 조금씩 밀려왔다 나가는 과정을 거쳐 다시 쑥 밀고 들어온다. 그럴 때마다 뒷걸음친다. 신발 젖는 것이 두려워서인지 들고나는 부딪힘으로 생기는 거품을 망가뜨리고 싶지 않아서인지는 잘 모르겠다. 얼마나 시간이 흘렀을까. 상당히 많은 거리를 뒷걸음질만 쳤다. 왜 하필 뒷걸음쳐야 할 수밖에 없는 곳에 서 있는 것인가.

돌아서는 순간 또다시 눈에 들어오는 해당화. 좀 전과 반대편에서 보는 해당화는 아주 밝은 빛이다. 먼발치서 내 하는 양을 눈여겨보았던가. 빙긋이 웃는 것 같다. 참으로 해맑은 표정이다. 뒤편에서 보았던 그늘은 단지 내 생각이었을 뿐인가. 그러고 보니 알싸하다는 느낌은 내 안에 도사리고 있었던 감정이었던가 보다. 왠지 모를 부끄러움에 멋쩍어하는 내 마음을 다 알고서도 모르는 체

해주는 자태가 정겹다.

어느 시인이 그랬던가. '누구나 자기만의 바닷가가 하나씩 있으면 좋다.'고. 나는 내 부끄러움을 숨겨준 해당화가 있는 이 바닷가를 나의 바닷가로 정하고 싶다.

민낯

금강의 한 줄기인 금산 적벽강 가에 앉아 한낮의 햇살을 즐긴다. 살랑거리는 바람이며 물결에 반사되는 햇살의 반짝거림에 봄맞이 나들이가 풍요롭다. 그리 맑은 날인 것도 쉽지 않은 행운이다.

가장 마음에 드는 것은 강바닥에 무수히 깔린 자갈들이다. 저마다 특이한 모양이며 색깔들이 참 아름답다. 어떤 이유로 그 많은 자갈이 깔려 있는지는 알 수 없지만 걸음걸음마다 잘그락거리는 소리가 정겹다. 나이들은 다 어디에 숨겨두었는지 잠시 해맑은 소녀들이 되어 예쁜 돌멩이를 찾느라 여념이 없다. 언제 그렇게 순수한 동심으로 돌아가 본 적이 있었던가. 세월 잊은 여인들의 모습이 있어 더욱 생동감 있는 풍경이다.

예전에 들렸을 땐 강 주변에 잡풀과 작은 나무들이 즐비했다. 풀밭을 한참 지나고 나서야 강물을 접할 수 있었다. 그런데 작년 여름 장마 때 이리 변할 것일까. 그 넓은 풀밭이 완전히 자갈로만 덮여 있다. 물론 시기가 지나면 돌멩이 사이에서도 새로운 풀이 돋아나겠지만 아직 새싹이 올라올 만한 때가 아니어서인지 그야말로 자갈들만 산뜻하게 반짝이는 강변이다.

아무런 꾸밈이 없는 강의 민낯을 본 것 같다. 새삼 민낯이 이리 아름다운 것이구나 싶다. 깨끗함만으로 제 모습을 산뜻하게 드러내 보이는 자갈들을 바라보고 있노라니 저절로 실눈이 된다. 그저 함부로 보기도 아까우니 실눈으로 조금만 담아가라는 것인가. 아무리 크게 뜨려 해도 산뜻한 기운이 저절로 눈조리개를 조이게 한다.

 강변의 민낯은 저리 고운데 나의 민낯은 어떨까. 왜 나는 얼굴에 두꺼운 분칠을 해야만 사람들 앞에 설 수 있는 것일까. 어느 땐 귀찮아서 그냥 민얼굴로 나서고 싶지만 사람들에 대한 예의가 아니라는 말을 들으면 어쩔 수 없이 분칠을 해야 한다. 또한 마음속은 사람들 눈에 추해 보이지 않고 싶은 마음이 앞서기도 한다.

 뭘 그리 감추고 싶은 것이 많은 것일까. 피부에 생긴 잡티도 어쩌면 생의 흔적일 수 있을 텐데 그리 박박 문지르고 두꺼운 분칠을 하는 것인지 모르겠다는 생각이 들 때도 있다. 여자이기에 아름다움을 강조한다는 것이라면 그저 사람들의 눈을 의식하고 사는 것은 아닌가 하는 자조 自嘲감에 빠진다. 그러면서도 그 편견의 굴레를 벗지 못하는 어쩔 수 없는 여자이다.

 그것이 어찌 얼굴에만 해당하는 말일까. 사람의 마음에도 민낯이 있을 듯싶다. 때 묻지 않은 순수한 마음이야말로 깨끗한 민낯이리라. 그런데 그 순수함을 지니고 사는 일이 그리 쉽지는 않을 터이다. 현실에서는 순수한 사람일수록 다른 사람들에게 못난이 취급을 당하기 쉽다. 아는 것이 많고 실력이 있고 돈이 많아야 대접받는 세상이어서, 그런 측에 끼여야만 사람대접을 받는 세상이어서 너도나도 그 대열에 끼려고 무단히 노력을 한다.

나는 그 대열에 끼어들기가 너무 힘들어서 매번 곤두박질을 치곤 한다. 안간힘을 쓰면서 사람대접받고자 하지만 뒤돌아서서 보면 이것도 저것도 아닌 언저리에 걸쳐 서성대는 모양이 씁쓸하기만 하다. 그래서일까. 나는 꼭 나 같은 사람에게 끌린다. 어딘가 부족해서 조금은 어수룩한 사람, 남에게 해 끼칠까 봐 자신이 손해 보는 쪽을 택하는 사람, 계산에 어두운 사람 등등. 그런 사람들 옆에 있으면 마음이 편하다. 그런 민낯 같은 사람들 속에서 지내다 보면 솟아오르려다 꺾이고 할퀸 상처들이 치유된다.

끼리끼리 산다고 했던가. 그러고 보면 나의 몇 % 부족한 면 때문에 그들과 함께할 수 있었던 것 같다. 많은 것을 갖춘 사람들 속에서 허우적대는 것보단 나와 비슷한 사람들과 교감을 나누는 것이 훨씬 인간다운 정 같아서 좋다. 인생을 정리하는 단계에 이르러 내 삶의 진가를 따져본다면 그런 민낯 같은 사람들과 함께 할 수 있었던 것이 참 다행인 듯싶다.

 석양의 노을이 아름다운 것은 하늘의 구름 때문이듯 인생이 아름다운 것은 뭔가 걸림돌이 되는 것들을 헤쳐나가고 부족한 것들을 채워가며 느끼는 만족감 때문일 것이다. 가진 것 많아 부족함을 모르면 있는 것에 대한 고마움을 모를 것이니 부족해서 작은 것 하나에도 소중한 마음을 품을 수 있는 것이야말로 진정으로 사는 맛을 아는 것이리라.

 민낯 같은 강변에서 민낯의 마음으로 여유로움을 즐긴다. 남은 생 또한 민낯 같은 삶이기를 염원한다.

8봉을 건너다

한 입 크게 베어 먹은 떡인가. 여덟 봉우리가 어깨를 나란히 하고 서 있다. 진안 구봉산 8봉우리들의 속에는 어떤 것들이 들어 있는지 궁금하다. 단지 그 모양만이 궁금한 것은 아니다. 단단한 바위들의 속성이 더 궁금하다.

구봉산을 만나러 가는 길은 결코 만만하지가 않았다. 처음 시작이 순하다 해서 그렇게만 보면 안 될 일이었다.

한발 한발 올라가는 발걸음은 고도가 달라지면서 속도가 달라지고 숨 고르기도 달라졌다. 그래도 뭔가를 향한 기대는 다음 단계로 이어주는 연결점이다.

첫 봉우리는 건너다만 보았다. 8봉우리를 오르락내리락할 체력을 비축해야만 했다. 갔다가 다시 돌아와야 한다는 이유가 발목을 잡았다. 다 끝나고 나면 후회할지도 모른다. 때론 그런 여유도 부리면서 살아야겠다고 억지를 부리는 걸까. 나뭇가지 사이로 보이는 봉우리의 윤곽만 바라다보며 짐작으로 크기를 재어 본다. 맞지 않는다 해도 크게 탓할 마음이 없다. 그럭저럭 대충 사는 것도 과히 나쁘지 않다는 것을 알아버린 나이가 되었다고, 때론 모르면서 아는 체하는 것도 현명한 것이라고 느긋한 척을 한다.

두 번째 봉우리부터는 계단이 눈에 들어왔다. 오르락내리락할 것이 뻔하다는 것을 알았으면서도 살짝 가슴을 짓누른다. 당연한 것을 가지고 공연히 심사가 어긋난다. 누구보다도 힘들어할 일을 왜 하면서 굳이 문제로 삼는 건지. 내가 나를 향해 구시렁거린다. 좀 넓어진 것 같다가도 다시 좁아지는 내 소갈머리가 참 변덕스럽다.

세 번째 봉우리에서 조금 자연스러움을 느낀다. 정갈한 계단보다는 어설픈 밧줄 하나에 내 몸을 맡겨 보는 것도 싫지 않은 기분이다. 참 묘하다. 힘은 더 드는데 마음은 계단을 이용하는 것보다 평온해진다. 거칠다고 다 나쁜 감정은 아니다 싶다. 미끄러지지 않으려 바닥에 몸을 더 바짝 붙여 기다 보니 바위 사이에 자리 잡은 잡초가 눈에 들어온다. 가녀린 잡초가 아주 작은 꽃을 피웠다. 허리를 굽히지 않았다면 그 꽃을 볼 수 있었을까. 때론 저 자세로 살면서 모르고 지나갈 뻔한 일들을 챙겨보는 일도 좋다.

네 번째 봉우리의 정자가 이 산의 주인 노릇을 하는 듯싶다. 아랫마을을 내려다보는 마음이 양반다리 격이다. 위에 있다는 사실이 그렇게 만드는 걸까. 대개의 사람은 그렇게 세상을 얕잡아 보려고 한다. 하지만 아래에 있는 사람은 그걸 받아드리지 않는다. 그러니 혼자 생각하고 혼자 행동하는 실수를 범하는지도 모른다. 경치 좋은 정자에서 엉뚱한 생각으로 풍경을 색칠하고 있다. 그것도 내가 그린 세상에나 존재할 뿐인 헛짓. 그 헛짓이 나를 잠시 나를 우쭐하게 만든다. 때론 이런 것도 삶의 윤활유가 될 수 있을까.

 구름다리가 넷과 다섯을 연결했다. 오르고 내리는 기복 없이 곧바로 건널 수 있는 다리. 그 밑은 아찔한 현기증이 도사리고 있다. 조금 편해지자고 다른 불편함을 불러들인다. 그래도 그것이 좋다고 생각하기 시작하면 다 그렇게 보인다. 그 다리의 편리함과 보기 좋은 풍경이 사람들을 불러들인다. 수많은 사람의 발걸음에 자연의 숨소리가 거칠어지고 구멍 뚫린 바위에 간신히 연결된 난간 하나가 불안해 보인다. 그것을 붙들고 있는 바위가 너무 힘들어 보인다. 사람들은 바위가 단단해서 괜찮으리라고 생각하지만 바위라고 다 그렇게 단단하기만 할까. 어느 순간 놓치는 날엔 산속의 평화가 깨진다. 그런데도 사람들은 전혀 괘의치 않는다. 당당한 걸까 미련한 걸까.

 여섯 번째 봉우리는 가물가물하다. 어떤 특징이 없어서일까. 있어도 그만, 없어도 그만인 봉우리인 것 같다. 하지만 그곳에 있는 것들 또한 산속을 채우는 작은 분자라는 걸 왜 모르겠는가. 변변찮은 풀 한 포기, 작은 돌멩이 하나하나가 이 세상을 차곡차곡 채워주는 특별한 존재라는 걸 알고 나면 거기에 잠시 서 있었던 나 자신도 특별하다.

일곱 번째와 여덟 번째의 구름다리는 살짝 휘어졌다. 사진 속에서 보는, 그 다리를 건너고 있는 내가 조금은 괜찮아 보인다. 스틱에 몸을 유지하고 또박또박한 발걸음으로 계단과 다리 사이를 건너고 있다. 경계가 다른 구역을 건넌다는 것은 색다른 감정을 느껴보는 일이다. 숱하게 많은 경계선을 넘나들면서 겪은 감정들. 어느 순간 환했다가 어느 순간 어두워지는 감정의 흔들림이 결코 무의미한 것만은 아니었다. 직선적인 것보다 굴곡의 의미가 깊은 휘어짐의 묘미다.

생의 끝부분이 되어서야 그 묘미의 가치를 조금씩 알아간다.

안개 늪에 빠지다

짙은 안개로 시야가 좁다. 몇 걸음 앞서가는 사람의 뒷모습조차 아련해 보인다. 사면이 꽉 막힌 하얀 집 같다. 꼭 꿈속에서 뭔가를 찾으려고 헤매는 것 같은 몽롱한 분위기에 겁도 났다. 하얀 물귀신이 내 등을 덮칠 것 같고 옆구리로 산신령의 지팡이가 푹 들어올 것만 같다. 그래서 앞사람을 놓치지 않으려는 내 발걸음이 잔망스럽게

저벅거린다. 그 소리마저 오싹한 느낌이 든다.

시간이 가고 고도가 높아질수록 바람이 불 때마다 안개에 젖은 나뭇잎에서 후드득 떨어지는 물방울이 몸을 적신다. 그렇게 떨어지는 물방울에도 온몸이 다 젖어버렸다. 우비도 별 의미가 없었다. 아래에서 보았을 때 산 중턱에 온통 하얀 구름이 걸쳐 있더니 몇 시간째 그 구름 속을 걷고 있는 것이다.

그러다 보니 참 야릇하기도 하고 묘하기도 하다. 처음엔 그저 꽉 막힌 듯한 분위기가 답답하고 두렵더니 어느새 익숙해졌다. 늘 그런 곳에서 살았던 것처럼 아무런 장애

가 되지 않는 분위기에 휩쓸렸다. 눈에 보이는 것이 없으니 생각조차 단순해져 버려 아무 생각이 나지 않는다. 그저 발밑으로 스쳐 지나가는 흙길에 눈을 두었을 뿐 앞뒤를 돌아다보아지지 않는다.

점점 마음이 맑아져 갔다. 보이는 것 없이 하얀 안개만 보이니 세상의 온갖 잡생각들이 어디론가 사라져 버린 듯하다. 아니 구름이 그것들을 감추어 버린 것 같다. 어쩌면 새롭게 태어나 지금까지와는 전혀 다른 세상에 서 있는지도 모르겠다.

바로 코앞에 있는 나무 몇 그루 외에는 아득한 저편의 세상에 대해서 전혀 생각도 기억도 없을 터이니 지금부터는 내 나름대로 살고 싶은 삶을 구성해 봐도 되지 않을까. 팔 뻗어 휘저어 보면 뭔가 잡힐 것 같은 저 아늑한 세계에 가만히 손 넣어 꼭 잡고 싶은 것만 잡아서 내 앞으로 끄집어내고 싶다.

내 생애 끄집어내고 싶은 일들이 몇 개나 되는지 손가락을 헤어 본다. 몇 손가락 꼽고는 이것도 세어야 하나 싶은 대목에서 꼽아지지 않는다. 꼽지도 못하고 펴지도 못한 상태로 멍하니 저 깊은 안개 속만 바라본다. 딱히 기억할 일도, 추억될 만한 일도 없는 것이 길게도 손가락 끝에서 맴돈다. 이대로 저 안개 속에 영원히 묻어버릴까. 왈칵 목젖이 싸해 온다. 아직 의무를 다하지 못하는 떨켜의 미련이 못내 아쉽다. 새잎 자리 만들 여유를 주지 않는 이 미련은 언제까지일까.

문득 지인이 보내준 찔레꽃 그림이 생각난다. 뽀얀 꽃잎이 어두운 바탕에서 유난이 빛을 발했다. 꽃잎 안에 모인 햇볕이 그리도 환했던가. 찔레꽃잎은 햇볕을 소홀히 흘려버리지 않고 소중하게 품에 안아 제빛으로 승화시켰다. 마음껏 보듬은 빛으로 발그레한 꽃술을 만들어 올려 품어나가게 했다. 그리도 오지게 햇볕을 품고 있는 찔레꽃이 왜 그리 부럽던지.

내게 오는 숱한 빛들을 무의미하게 흩날려 버린 것에 대한 회한이 깊다. 어쩌면 저 안개는 내가 놓쳐버린 빛의 잔영일지도 모른다. 세상을 보지 않으려 눈 감아 버렸던 날들의 잔영. 내 어찌 저 안개 탓을 할 것인가. 가만히 숨 다독이고 눈을 내려 뜰 수밖에 없다.

이제 내 시야에 들어오는 발끝만 보고 걸어야 한다. 이것마저 소홀히 했다가는 헛발을 디딜지도 모를 일이다. 잘 보이지 않는 길에서 길을 잃지 않는 일이란 발끝의 감각에 달렸다. 어쩌면 내 의지와는 다른 발걸음이 될 수도 있다. 아주 작은 한 걸음의 각도가 시간이 지나면 전혀 다른 쪽을 향해 갈 수도 있을 테니까.

안개의 늪에 빠져서 나침반의 안테나를 곧추세우고 있다. 방향을 찾는 동안은 중심 잡는 지남철 바늘 끝이 부르르 떤다. 떨림이 없으면 지남철이 아니라고 했던가. 어느 정점에 정착해 버린다면 더는 생동감이 없어질 것이다. 그리고 보면 완전하지 못한 삶에 대한 떨림이 있기에 아직 살아있음을 확인한다.

날머리에 도착해 뒤돌아본 산자락은 아직도 안개 속이다. 환한 곳에서 보는 안개는 그저 안개일 뿐이다. 그래도 삶에 대한 애착 하나 건져내온 듯하다.

도다리와 쑥이 만나면

지도에서도 꼭꼭 숨겨놓은 듯한 아주 작은 해수욕장 근처에 짐을 풀었다. 펜션 주인이 알려준 곳을 찾아 나선 골목길은 다시 찾기 어려운 미로 같았다. 아는 사람만 갈 수 있는 후미진 집이다.

문을 열고 들어설 때도 과연 음식 맛이 있을까 싶어 되돌아 나오고 싶을 정도였다. 손때 묻은 후줄근한 물건들이 하나둘씩 눈에 들어오면서 엉덩이가 쉽게 안착이 되지 않았다. 일어설 수도, 그대로 앉아 있기도 뭐해서 괜히 손바닥만 비비적거렸다.

TV에서 흘러나오는 뉴스가 간신히 시간을 넘겨주었다. 재깍거리며 넘어가는 시곗바늘을 흘낏거리던 시각이 후각으로 옮겨지며 칸막이도 없는 부엌 쪽에서 스며 나오는 간간한 냄새에 젖어 들었다. 초봄에나 맛볼 수 있는 도다리쑥국이란다. 찬 겨울을 이겨내기 위해 지방을 축적해 둔 도다리와 지난해 풀들의 흔적인 덤불 사이로 막 얼굴을 내미는 여린 쑥과 만남이다.

설 명절이 지나고 찬바람이 살짝 꼬리를 내릴 때면 어릴 적 쑥 바구니를 들고 들녘을 돌아다니던 기억이 새롭다. 막 올라오기 시작하는 쑥은 섣불리 캐다간 부스러지고 만다. 흙을 살살 긁어내야만 제대로 된 모양으로 캘 수 있다. 들녘은 아직 새싹들이 움츠리고만 있는 터여서 귀하디귀한 나물이다.

수심이 깊은 개펄이나 모래 속에서 산다는 도다리는 모양부터가 특이하다. 색깔이 개펄이나 모래와 비슷하고 눈도 위쪽으로만 달려 있다. 모래 속에 몸을 숨기고 숨죽이고 있다가 눈 안에 들어오는 먹이를 잡아채는 것이리라. 그렇게 위장술이 강한데 어찌하여 어부의 손에 붙들렸을까.

말없이 툭 던지듯 국그릇을 내미는 아낙네의 손이 투박하다. 집 문턱을 넘으면서부터 짐작된 상황이기에 그리 거부감이 없다. 아니, 살갑게 친절이라도 베풀었다면 오히려 그것이 더 어색해 보였을 듯싶다. 나 또한 그 인사에 맞추려 억지웃음이라도 날려야 했을 터이니 오히려 다행이다.

하얀 살 사이로 얇은 기름기가 동동 떠 있고 상큼한 쑥 한 줌이 사르르 숨을 죽인다. 숟가락으로 살살 휘저어 한 입 떠 넣으니 금방 튕겨 나갈 것 같은 싱싱한 맛이 혀끝에 감긴다. 연하디 연한 생선살과 뜨거운 국물에 녹아버린 듯한 연한 쑥의 어울림이 이리 간드러지게 부드러운 줄 새삼 몰랐다. 그냥 후루룩 마셔도 좋은 맑은 국물이 일품이다.

후줄근한 땟물만큼이나 순수하고 투박한 몸짓만큼이

나 믿음직한 맛임을 알겠다. 찾기 쉬운 길가의 음식점을 제치고 구불구불 발걸음 시킨 펜션 주인의 입맛도 미식가 수준임을 알겠다. 번다한 풍경으로 유명한 휴양처가 아니고 있는 듯 없는 듯한 아주 작은 바닷가로 향한 내 발길의 방향 감각도 탁월함을 알겠다.

검붉은 노을이 온 세상을 붓질한다. 하루해를 삼킨 수평선 끝자락으로 도마 위에서 거칠게 파닥거리던 도다리의 당당한 뚝심이 오버랩 된다. 비록 좀 엇나간 삶일지라도 그리 서럽지만은 않을 것이라는 의미를 부여하며 결코 헛되지 않은 생이라고 말해주고 싶은 이름이다.

도다리쑥국!

눈물

1.

요양원 출입문을 밀치고 들어가는 휠체어 바퀴가 문턱에 걸린다. 몇 번 앞뒤로 움직여 준 다음 싹 넘기는 간호사의 행동이 유난히 날렵하다. 어머니의 등이 점점 작아지다가 순간 사라져 버린다.

울지 않으련다. 아니, 이제 벗어나고 싶다. 어려서부터 유난이 꾸지람을 많이 들었기에 더는 들을 일도, 들어야 할 이유도 없다고 생각했다. 내 나이 칠십 줄에 걸치니 나도 이제 벗어나야 한다고 생각했다. 그렇게 자유로워지고 싶었다. 간절함으로, 억지로, 때론 막무가내로 밀어붙이는 어머니의 고집에 이제 등 돌리고 살아도 된다고 생각되었다.

해가 설핏하다. 부엌 창문으로 들어오는 저녁 햇살이 기운을 잃어 간다. 이맘때가 제일 마음이 여려지는 시간이다. 밥솥에서는 뜨거운 김이 새어 나오건만 먹먹한 가슴 속은 시리기만 하다.

아버지가 돌아가신 뒤로, 맏이인 내가 어머니를 책임져야 한다는 생각 때문에 내 곁으로 이사를 오시게 했다. 하지만 늘 가슴이 묵직하게 조여 왔다. 강직한 성격의 어머니와 나는 곧잘 부딪쳤다. 어머니와 거칠게 다투고 나서도 아무한테도 그런 말들을 할 수가 없었다. 그렇게 어머니와 나는 남모르는 비밀이 쌓여갔다. 서로 가슴 할퀴는 사연들이 쌓이다 보니 어머니를 향한 눈물은 흐르지 않을 거로 생각했다.

그런데 어인 일로 이리 눈물이 나오는지 모르겠다. 참 알 수 없는 눈물이다. 아니, 어쩌면 내가 하고 싶은 말을 못 하게 된 것이 아쉬워서 그럴까. 한 번은 꼭 하고 싶은 말이 있었다. 다리 쭉 뻗고 방바닥 두드리며 묻고 싶었다.

'내가 병을 앓고 싶어 앓았느냐고, 그런 병을 앓고 있는 내가 그렇게도 부끄러워서 없는 사람 취급했느냐고, 그냥 죽고 싶어 약을 먹지도 않고 몰래 버렸던 것을 알기나 하느냐고.'

그런 일들, 악다구니 쓰면서 따지고 싶으니까 어머니 절대로 정신 줄 놓으면 안 된다고 울고 있다. 어머니 드실 음식 만들면서, 병원 오가면서, 지난 세월 동안 쌓인 설움 새록새록 기억해 내면서 울고 있다. 절대로 어머니가 가여워서 우는 것이 아니라고 우기면서 울고 또 운다.

참 알 수 없는 눈물이다.

2.

요양보호사의 얘기를 그저 귓등으로 듣고 있었다. 귀 따로 마음 따로인 내 태도가 그리 탐탁하지 않으련만 요양사는 끊임없이 얘기를 하고 있다. 그러다 보니 시간이 지나면서 나도 모르게 얘기 속에 빠져들었다.

나에 대한 어머니 태도는 언제나 근엄하고 무서웠다. 한 번도 따뜻한 말을 들어본 적이 없다고 생각될 만큼 무심하셨다. 그래서 어머니는 내게 정이 없다고 생각했다. 어려서부터 지금 이 나이가 되도록 그렇게만 생각되어서 나 또한 다른 사람들처럼 어머니에 대한 애틋함이 없다. 그저 부모 자식으로 이어진 핏줄일 뿐이라고 생각되었다.

그렇게 긴 세월을 살았다. 그래도 내 본분을 다하면서 살려고 노력했다. 특별히 잘해드린 것은 없지만 불효하지는 않았다고 생각했다. 어쩌면 그런 표면적인 일로 어머니와의 불편한 사이를 모면하려고 했는지도 모른다.

그만큼 어머니에 대한 애정이 별로 없다고 생각되었다. 당연히 어머니도 내게 그러리라고 생각했다. 그래서 언제나 나는 뒷전에서 뒤치다꺼리하는 딸로만 여기시는 것이라고.

얼마나 시간이 흘렀을까. 요양사의 얘기가 어느새 마음

속으로 스며들기 시작했다. 어쩌면 나보다도 더 어머니에 대해 잘 알고 있다고 생각되었다. 이야기는 계속되었고 내 귀는 그 어느 때보다도 크게 열려 있었다. 한참을 그렇게 얘기를 듣다가 그만 숨이 탁 멈추는 듯했다.
"어머님이 큰따님에게 많이 의존하셨던가 봐요. 언젠가 많이 우신 적이 있어요. '큰딸이 나한테 정이 없는 것 같다.'면서 식탁에 엎드려 흐느껴 우셨어요, 어찌나 서럽게 우시는지 나도 따라 눈물을 흘렸어요."
어머니가 나 때문에 우셨다니. 그것도 어깨를 들먹이면서까지 서럽게 우셨다는 얘기가 믿어지지 않았다. 어머니는 언제나 우직하고 담담하고 무섭기까지 하신 분이셔서 잔정이라고는 느껴보지 못했다. 무엇이 어머니를 그리 만들었는지는 모르겠지만 다른 사람들이 느끼는 그런 애잔한 마음을 가지신 어머니는 아니라고 생각했다.
그런데 왜 그러셨을까. 돌아가실 때가 되니까 마음이 약해지신 것일까. 그래도 그렇게 우셨다는 얘기가 도통 마음에 와닿지 않았다. 그 얘기가 미처 마음에 들어오기도 전에 어머니는 그만 요양병원으로 가셨다.

이제는 먼 거리에서 볼 수밖에 없고 마음도 소통이 어려워지게 되었다. 다만 나 때문에 그리 서럽게 우셨다는 그 이야기만이 귓전에서 쟁쟁 울리고 있다. 생각지도 못했던 눈물이 쉴 새 없이 쏟아진다. 내 남은 생에 울어야 할 눈물을 한꺼번에 몽땅 흘려버린 것 같다.

섬길

— 신안 올레길

햇살이 유난이 밝은 날, 섬길을 걷는다. 물이 빠져나간 갯벌 위로 쏟아지는 햇볕과 짭조름한 바람이 온몸을 감싸고 든다. 느긋한 걸음으로 좁다란 노둣길을 걷다 하늘을 올려다보니 파란 하늘에 뭉텅뭉텅 엉클어진 흰 구름이 포근하게 느껴진다.

그저 민둥산 같은 언덕배기 밑으로 띄엄띄엄 서 있는

집 몇 채 외엔 사람의 흔적이 거의 없다. 공터에 얼키설키 엉켜있는 그물이 대신 사람훈짐을 느끼게 한다. 몇 사람만을 내려놓고 떠나가는 뱃고동 소리도 아스라이 사라져 가고 낯선 객을 향한 개 짖는 소리도 그저 조용한 울림일 뿐이다. 그 조용한 울림이 여운으로 느껴질 만큼 가까운 거리에 4개의 섬이 노둣길로 연결되어 있다.

그 노둣길을 건너면서 일주하다 보면 12개의 쉼터(교회)를 만나게 된다. 그 건물엔 각각 두 개의 이름이 있다. 하나는 일상을 대변하는 이름이고 하나는 기독교의 열두 제자 이름이다. 다시 말하면 일반인들에겐 올레길이고 기독교인들에겐 순례길이라는 의미가 있다.

단지 그 의미만 있는 것이 아니다. 건물마다 나름대로 의미를 갖춘 작품성이 돋보이는 집이다. 아주 동화적이기도 하고 신비한 요술을 품

섬길 203

은 집처럼 보이기도 하다. 무한한 세계를 품은 듯한 느낌이 들기도 하고 아주 사소한 것들을 소중한 것인 양 품고 있는 것 같기도 하다. 특별하게 볼 것이 없는 섬에 불쑥 뛰어든 불청객 같은, 다른 나라에서 건너온 그림 같은 건물이다. 한두 사람이 들어가면 딱 맞는 아담한 공간들은 다 다른 특징이 있다.

사람 얼굴만한 창으로 보이는 바깥 풍경이 새롭다. 섬으로 들어오면서 보았던 넓은 바다는 어딘가로 숨어버리고 작은 창 안에서 압축된 그림으로 보인다. 천정에 그려진 해와 달과 별의 모양으로 하늘을 상징하고 물고기의

비닐로 넓고 깊은 바다를 상징했다. 그 작은 공간에 온 우주가 다 들어 있다. 한두 사람 겨우 앉을만한 공간에서 참으로 넓은 세상을 느낀다.

창문으로 비치는 무늬가 참 독특하다. 빛이 안으로 들어오면서 창에 비치는 그림이 환상적이다. 햇볕의 명암 효과를 이용한 그 집은 날씨가 좋은 날에 보아야 효과가 있을 것 같다. 창문의 올록볼록한 부분에서 햇살이 굴절하고 그 부분으로 통과하는 빛이 색다른 무늬를 만들어 낸다. 집을 세운 기둥의 색이 안에서 보이는 그림의 색을 넣어주는 역할을 한다. 햇볕이 어느 각도에서 얼마만큼 들

어오는 정도에 따라 그려지는 그림이 달랐다. 사람이 어느 방향에 서 있는가에 따라서도 달라졌다. 내게 주어진 삶의 질은 어떤 영향에서 얻은 결과일까를 생각하게 하는 집이다.

십자가 모양으로 만들어진 창문으로 쏟아져 들어오는 햇살에 눈이 부시다. 기독교인은 아니지만 지금껏 보아왔던 것 중에서 제일 경건한 마음으로 보게 된 십자가이다. 어둑한 공간의 햇살 줄기 속에서 떠돌아다니는 뿌연 부유물이 살아 있는 생명체로 보인다. 세상 모든 것에 생명을 불어넣은 신의 묘수 같다.

길을 잘못 들어 걷게 된 갈대밭도 올레길의 한몫이 되었다. 잘못된 것도 모르고 유유자적하며 즐겼던 길이다. 헛짓이었음을 알게 된 후에야 허겁지겁 되돌아 나

왔지만 그것이 그리 억울하지는 않았다. 보아야 할 곳을 보지 못했지만 생각지도 못했던 자연의 풍요로움을 만끽했으니 나름대로 보람 있는 일이었지 싶다. 때론 엉뚱하게 겪는 엇갈린 일들도 생을 풍요롭게 해준다.

여닫는 문이 없는, 이중으로 보이는 문틀 건너에 놓여 있는 벤치가 평화롭다. 안과 밖이 열려 있는 곳에는 경계가 없다. 유有와 무無의 구분이 없을 것이고 높고 낮음이 표시되지 않았을 것이다. 그곳에 앉아 있으면 모든 시름이 사라질 것 같다. 무거운 것들은 잠시 벗어 놓고 빈 마음이 되어 보는 것도 좋으리라. 그곳에선 무엇과도 비교되지 않는 자신의 존재를 찾아볼 수 있을 것 같다.

마지막 집을 건너가는 길이 이미 촉촉하게 젖어 있다. 스르륵 밀려드는 바닷물이 발걸음을

재촉한다. 가까운 거리지만 그 거리를 건너갔다가 올 동안을 참아주지 못하는 것이 지구의 섭리다. 우리 인간은 그러한 자연의 섭리를 마음대로 조정하려 하고 마음대로 되지 않는다고 앙탈을 부리며 산다. 그러다 언젠가는 그 후유증에 시달릴지도 모른다.

 하루 6시간을 걸어야 하는 순례길은 그리 만만한 길이 아니었다. 하지만 나름대로 의미가 있는 길이었다. 발바닥이 아픈 것을 감수해야 하는 걷기였지만 보람찬 일이었다.

 순례를 마치는 종을 치고 후다닥 돌아 나오는 순간 기우는 햇살이 볼에 닿는다. 해도, 나도 하루의 일정을 마치고 이별식을 나누었다. 멀리서 마지막 배임을 알리는 뱃고동 소리가 들린다.

12개의 쉼터(교회) 사진

건강의 집(베드로)

생각하는 집(안드레아)

그리움의 집(야고보)

생명평화의 집(요한)

행복의집(필립)

감사의 집(바르톨로메오)

인연의 집(토마스)

기쁨의 집(마태오)

소원의 집(작은 야고보)

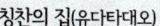

칭찬의 집(유다타대오)

사랑의 집(시몬)

지혜의 집(가롯유다)

6부

하늘타리

산행일지

백두대간을 걸으며2

삼도봉에서 우두령까지

참으로 막막하다. 코로나는 수그러질 기세가 없다. 이러다 영영 예전의 생활은 다시 찾을 수 없을 것 같다. 무엇으로 이 답답함을 달랠까. 지금 덕유평정엔 원추리가 한창일 텐데 싶어 계획을 세웠다가 곤돌라 탈 경우 사람들과의 접촉이 두려웠다.

그러면 어디로 갈까. 막연히 백두대간 길이 떠오른다. 이제 백두대간 길의 맛을 알고 나니까 그냥 올라갔다 내려오는 단순한 등산은 별로다. 힘들기만 하다는 생각이 든다. 전라북도에 걸쳐있는 백두대간만이라도 하려고 했던 길을 이어보고 싶은 생각이 꿈틀거린다.

그래, 끝까지 하자는 욕심이 아니라 시간 되는 대로 해보자는 생각이 든다. 지도를 보고 날씨를 보고 거리를 보고 하면서 하루 걷기 적당한 거리를 잡았다. 지난번에 삼도봉까지 마쳤으니 이번엔 삼도봉에서 우두령까지 총 13여㎞다.

아침 4시에 전주에서 출발해 6시 10분쯤 우두령에 도착했다. 그곳에 차를 주차해 놓고 택시로 해인리 삼도봉 주차장까지 30여 분 올라갔다. 시간은 얼마 되지 않지만 해인리에서부터 주차장까지 올라가는 길은 아주 좁은 임도라서 구불구불하고 힘들다며 5만 원을 요구한다. 그래도 그곳에서 올라가면 삼도봉까지 1㎞ 남짓이니 접속 구간이 짧아서 좋다. 택시에서 내려 부항천 발원지 샘의 물 한 모금 들이키고 산행을 시작했다.

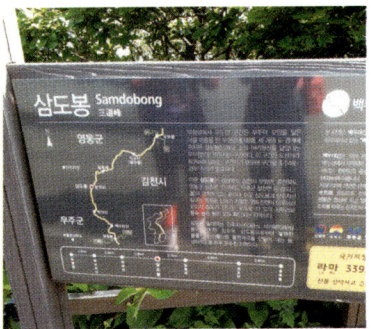

어느 곳에서부터는 풀이 무성해서 길이 잘 보이지 않는다. 훤한 낮에도 눈을 크게 뜨고 보아야 할 정도이니 이런 길을 밤에 간다면 길 잃어버리게 생겼다. 이번 구간은 고도가 그리 높지 않은 탓에 나무들이 사람 키를 훌쩍 넘는다. 그래서 시원하긴 한데 조망이 없는 것이 흠이다. 그저 편안한 길을 끝없이 걷다가 폿대봉에 도착하니 모처럼 시야가 탁 트인다. 바위에 올라서서 사방을 둘러보니 속이 후련하다.

한참을 구경하다 내려선 길은 그야말로 바위능선이다. 밧줄은 있으나 밧줄을 잡고도 위험해서 발이 덜덜 떨렸다. 자칫 한 걸음만 삐걱하면 바위 밑으로 떨어질 것 같아 어디를 잡아야 할지 이것저것 잡아보고 발을 디뎠다 떼었다 하기를 반복해야 했다. 그곳까지 가는 동안 배낭 무게 때문에 어깨가 아파 힘들었는데 가만 생각하니 그 구간에서는 배낭 무거운 것도 인식하지 못했던 것 같다.

그런 곳을 몇 군데 지나고 나니 다리에 힘이 다 빠져버렸다. 그 길도 사진을 찍었어야 하는데 그 생각도 나지 않아 집에 와서 생각하니 아쉽다. 폿대봉에서 다음 코스인 석교산까지 1시간을 예상했는데 2시간이나 걸렸다. 이번 구간 중 두 번째로 전망이 좋았던 곳, 제일 높은 곳이기도 하다.

드디어 우드령에 도착, 12시간 정도 걸렸다. 폿대봉 주위의 바위지대 외엔 아주 걷기 좋은 길이어서 예상보다 1

시간 일찍 도착했다. 아침에 주차해 논 자가용으로 전주에 오니 밤 10시쯤이다.

들머리 : 삼도봉주차장 – 경북 김천시 부항면 해인리 산 52-1
날머리 : 우두령 – 충북 영동군 상촌면 흥덕리 산 9-14

우드령에서 괘방령까지

그동안 긴 장마에 등산은 엄두를 내지 못했다. 두 달 가까이 폭우에 여기저기 산사태가 나는 바람에 감히 덤비지를 못하다가 추석 명절을 지나고 나서 겨우 시간을 냈다.

이번엔 우두령에서 괘방령까지 12㎞ 정도다. 워낙 많은 비에 혹 백두대간 길에 이상이 생겼을까 싶어 다른 사람들의 등산 기록을 샅샅이 뒤져보니 다행히 별다른 이상은 없지 싶다.

전주에서 새벽 4시에 출발하여 날머리 괘방령에 6시 30분 도착, 괘방령 산장 앞에 승용차를 주차해 놓고 예약해 놓은 택시로 들머리인 우두령으로 향했다.

들머리 우두령에 도착하니 바람이 세다. 일기예보에 강풍이 분다하더니 정말 바람이 장난이 아니다. 옷을 따뜻하게 입고 갔는데도 추운 기운이 돌아 우비를 덧입었다. 우비는 비를 피하려 입기도 하지만 이번처럼 추울 때도 요긴하게 쓸 수가 있다. 비닐 옷을 한 겹 더 입으니 한결 따뜻했다. 따뜻한 물도 넉넉하게 준비하였기에 간간히 목을 축여가며 걸었다.

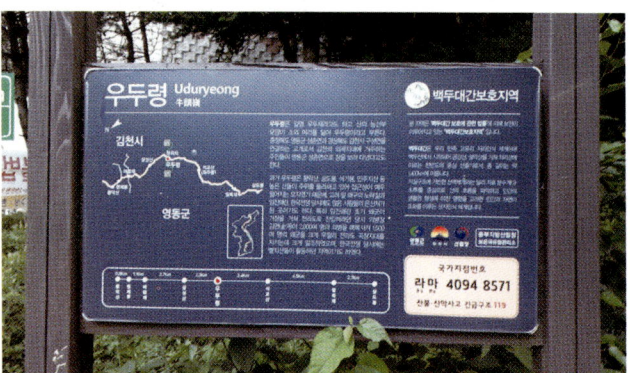

아침 7시부터 시작한 산행길은 상큼하기 그지없다. 바람이 부는 탓에 여기저기서 도토리 떨어지는 소리가 참으로 듣기 좋다. 눈에 띄는 대로 주워 오고 싶지만 먼 길 무겁기도 하겠고 산 짐승의 먹이를 훔쳐 오는 격이니 삼가야 한다는 마음으로 눈요기만 했다.

시간이 지남에 따라 햇살이 점점 퍼져나간다. 아침 햇살의 싱그러움이 점점 따뜻하게 퍼져나가면서 우비도 벗어버렸다. 따사로운 가을 햇볕을 쬐며 발아래 풍경을 바라보는 마음이 한없이 풍요롭다. 어디에서 이런 맛을 볼 수 있으랴. 온갖 시름 다 잊어버리고 그대로 바위가 되어도 좋을 듯싶다.

이번 구간은 나에게 조금 벅찬 구간이기도 했다. 초반엔 원만하다가 삼성산을 지나서부터는 오르막 내리막의 경사가 심했고 막바지 고개 여시골산에서부터는 내려오는 길이 경사가 아주 심해서 힘들었다.

산속에는 어둠도 빨리 내려앉는다. 마지막 1.5km를 남겨놓고 금방 내려갈 줄 알았던 길이 0.7km 정도가 심한 경사로 생각보다 더디어서 나머지 0.8km는 어둠 속을 걸었다. 물론 플레쉬를 준비는 했지만 잘 모르는 길에서 불을 켜고 가면 오히려 길 찾는 데 불편하다. 다행히 조금 평평한 길이었고 달빛이 있어 어렴풋이 보이는 길을 조심조심 걸어 내려왔다. 오후 7시쯤 날머리 쾌방령에 도착했다. 딱 12시간 걸었다. 친구를 내려주고 집에 들어오니 저녁 10시가 훌쩍 넘었다.

들머리 : 우두령 - 충북 영동군 상촌면 흥덕리 산 9-14
날머리 : 괘방령 - 충북 영동군 매곡면 괘방령로 764

괘방령에서 추풍령까지

지난번 등산 후 2주 만이다. 몸도 어느 정도 풀려서 다시 시작할 여건이 되었고 해가 더 짧아지기 전에 다녀오리라 마음먹고 시작한 등산이다.

아침 4시 전주 출발, 중간에서 아침을 먹고 6시 30분에 추풍령에 도착하여 승용차를 주차해 놓고 예약한 택시로 괘방령을 향해 이동했다. 이동하기 전에 기사님이 날머리 근처를 직접 가서 자세히 알려주었다. 그렇잖아도 다른 사람들의 등산기를 읽어 보니 날머리 찾아가는 길이 복잡하다고 해서 걱정을 했는데 참 고맙게도 그걸 미리 알려주는 배려를 해 주셨다. 직업정신이 강한 분이시구나 싶다.

7시부터 등산 시작, 가성산까지는 그리 힘들지 않을 정도로 순탄한 길이었다. 총거리 10여 km이니 급하게 서둘지 않아도 좋았고 날씨 또한 전형적인 가을이어서 좋았다. 다만, 전혀 관리가 되어 있지 않았다. 이정표도 없고 계단도 없이 오르락내리락해야 했다. 백두대간 길이 이리 허술해도 되나 싶기도 했고 인간의 손이 닿지 않는 순수한 길이라서 좋은 것 같기도 했다.

가성산을 지나 장군봉까지는 좀 가파르고 험해서 힘들었지만 등산하면서 이런 구간 한두 곳이 있어야 맛이지 하는 마음으로 즐겼다. 장군봉을 지나 눌의산까지는 대부분 완만한 길이어서 편안한 마음으로 걸을 수 있었다.

눌의산에 도착하니 발아래로 추풍령이 아련히 내려다

보인다. 그곳에 서 있으니 그리 복잡하고 답답한 도시가 별것이 아니구나 싶어 자신에 대한 자존감이 솟아났다고 해도 될까. 그냥 그렇게 생각하고 싶어서 해보는 말이다. 어쨌든 참 편안한 마음으로 발 아래 풍경을 내려다보았다.

내려오는 길이 잠시 좀 가팔랐다가 편안한 길로 이어진다. 룰루랄라 흥겨운 마음으로 발길을 옮기다 보니 어느새 무덤들이 많은 곳이다. 다른 사람 등산기를 읽을 때마다 웬 무덤들 이야기가 나오나 했더니 그것이 이정표가 된 셈이다.

오후 5시쯤 해서 아침에 기사님이 알려 준 대로 방향을 잡아 길을 나아가니 승용차가 있는 주차장이다. 이걸로 올해의 등산을 마무리하려고 한다. 날씨가 차가워지면 신체적으로 활동하는 데 불편해지니 조심조심하면서 다음 해 봄을 기다리련다. 추풍령까지의 목표가 끝났다. 다음으로 이어질지는 아직 모른다. 그래도 할 수 있을 때까지는 해 보련다.

들머리 : 충북 영동군 매곡면 괘방령로 764(괘방령산장) 근처
날머리 : 충북 영동군 추풍령면 신안로 19(추풍령농자재) 근처

추풍령에서 작점고개까지

새해 처음으로 시작한 백두대간 길, 추풍령에서 작점고개까지의 구간이다. 반쪽만 남아 있는 금산, 고속도로를 내면서 쓸 재료로 허물어진 산이란다. 그래도 우리나라의 뼈대라고 하는 백두대간 줄기를 그리 갉아먹었다는 사실이 조금은 씁쓸하다.

그야말로 '뭐가 중요한디'다. 하긴 나 자신도 그런 경우

가 많기는 하다. 정작 중요한 것이 뭣인지도 모르고 마음 상해서 훌쩍거리고 분해서 씩씩거리고 미워서 눈 흘기고 했던 일들이 얼마나 많았던가. 정작 기억해야 할 좋은 일들은 가물가물하고 후회되는 일들을 더 많이 기억하고 있다. 그것이 어찌 사람들에게만 있었던 일이었을까 세상사 돌아가는 일들 모두가 다 그런 오류 속에 묻혀 있는 듯하다.

하지만 그 속에서 무엇인가를 느끼고 깨달아서 얻은 것이 있다면 그래도 다행 아닐까? 그러면서 성장하는 것이다. 다 자란 어른이 무엇이 부족해서 성장 타령일까마는 아무리 나이 많아도 배울 것이 한도 끝도 없다. 더 정확히 말하자면 지식을 배우는 것이 아니라 사람 사는 도리를 배우는 것이리라.

지도에 그려진 백두대간 길을 가다 보면 중간중간 지름길이 나온다. 걷는 것이 너무 힘들다 보면 그곳으로 빠지고 싶은 유혹이 뒤따르지만 이를 악물고 먼 길을 택했다. 한순간의 편리를 위해 후회할 일을 만들지 말자는 생각으로 버티고 버텼다. 그랬기 때문에 자칫 놓칠 수 있었던 풍경과 야생화들의 해맑은 표정을 마음껏 즐길 수 있었다.

화사한 봄날 햇살과 솔숲 오솔길 따라 긴 길 내내 진달래와 생강나무의 향기에 취했다. 맑디맑은 연분홍 진달래에서는 화전놀이의 흥취가 묻어났고 그리 흔치 않은 생강나무를 마음껏 볼 수 있었던 것은 이번 산행의 큰 행운이랄까. 아직도 코끝에 남아 있는 향을 음미하며 나른한 몸을 뒤척인다.

산행시간, 오전 9시 30분 ~ 오후 5시 30분 총 8.5km를 8시간 걸었다.

들머리(추풍령) : 충북 영동군 추풍령면 신안로 19(추풍령농자재) 근처
날머리(작점고개) : 경북 김천시 어모면 능치리 산 105-5

　작점고개에서 중단한 백두대간 걷기를 아직 못하고 있다. 마음은 내 남은 생애에 가장 큰 목표로 삼고 있는데 이루어질 수 있을지는 모르겠다.
　햇살 가득한 언덕길이며 솔잎 수북이 떨어져 폭신폭신한 솔숲길이 아른거리고 나뭇잎 스치는 아련한 바람소리, 이름 모르는 새소리들이 귀청 속에서 술렁거린다. 봄, 여름, 가을, 겨울 어느 계절 하나 빠짐없이 산을 탔었다. 그러다 이리 먼 산만 바라보고 있자니 어느 것 하나 그립지 않은 것이 없다. 어쩌면 산을 향한 상사병을 앓고 있는 것 아닌지 모른다.

이제 나이 들어 '마음 따로 몸 따로'가 되고 보니 배낭 짊어질 용기가 나지 않는다. 거리가 먼 꿈이 되어버린 것 같아 못내 아쉽다. 그래도 꿈은 버리지 않으련다. 초록빛의 지도에 빨간색으로 그려진 내 발자국 스쳤을 자리를 보며 앞으로 더 이어질 거리를 상상해 본다. 마음만으로도 이미 산속을 거닐고 있는 것 같아 흐뭇하다. 종이 가득 다음을 이어갈 산행표를 써 놓고 실행할 날을 꿈꾼다.

내 발자국이 찍힌 백두대간 길

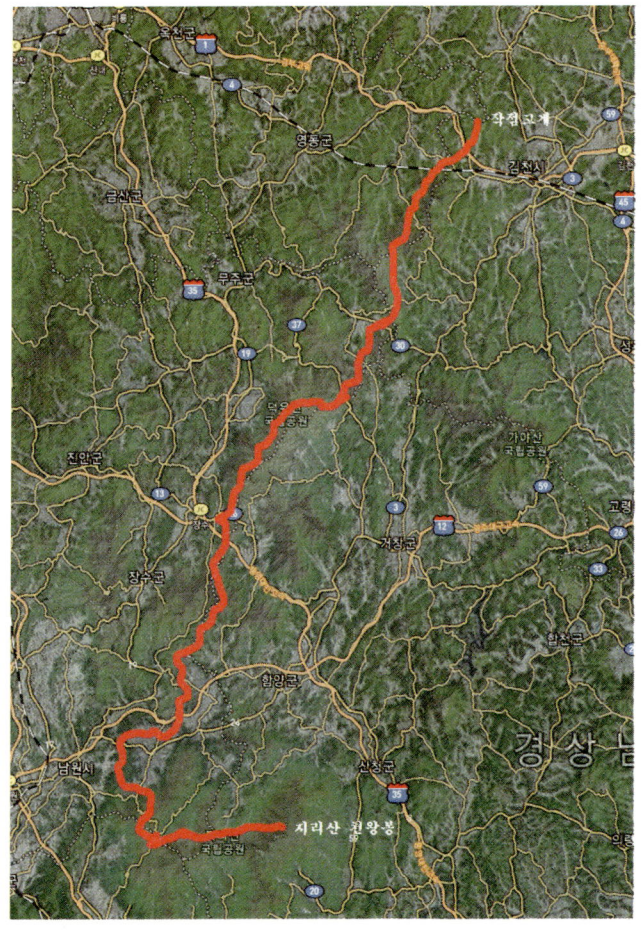

작품해설

잘 발효된 통증과 문학적 부력의 등가성

— 김재희의 『분꽃』을 읽고

김 영(시인, 문학평론가)

회억, 장승의 환상 통증

문학작품이 자기 치유와 자기 구원을 위한 장치 내지는 도구라면, 일인칭 화자 중심의 수필문학이야말로 작가가 자신에게 내리는 최고의 처방전이며 상처를 치유하는 최적의 장치 내지는 도구다.

저 바람은 언제쯤 잦아들까. 누군가 개입할 수도, 바람을 막아 줄 수도 없으니 혼자서 고달픈 과정을 겪어야만 하리라. 주어진 일을 짊어져야만 하는, 마음대로 내려놓을 수 없는 무거운 짐에 짓눌린 듯한 시린 자태가 오래도록 발길을 붙잡는다. 떨쳐 버리고 싶어 외면해도 껌딱지처럼 둘러붙어 떨어지지 않는, 외면하려고 하는 마음마저 또 하나의 짐이 되어 가슴을 짓누르는 내 안의 사연들과 겹친다.

—「피할 수 없는」 중에서

우리는 삶이 우리 생각대로 굴러가진 않는다는 것을 살면서 겪은 여러 번의 실패와 경험을 통해 잘 인지하고 있다. 그러나 이루지 못한 꿈이나 희망들은 쉽게 잊히지 않는다. 평생을 두고 어떤 꿈은 삶의 통각점이 되기도 하고 어떤 희망은 삶의 마중물이 되기도 한다.

김재희 수필가의 수필집 『분꽃』 원고를 읽는 내내 '보통 사람들이 이루지 못한 꿈은 삶의 어느 갈피에서 언제쯤 발효될까?', 그리고 '이루지 못한 꿈은 얼마나 오랜 시간

발효되어야 부력을 얻어 떠오를까?'를 생각했다.

위의 두 가지 의문은 서로 너무 닮아있어서 실패나 좌절에서 촉발되는 상처는 충분히 발효된 후에 부력을 갖고 떠올라야 한다는 생각이 들었다. 발효되지 않고 떠오르는 상처는 자신과 타인에게 또 다른 상처를 만들 수 있기 때문이다.

김재희 수필가의 수필집 『분꽃』을 읽다 보면 적어도 김재희 수필가에게는 이루지 못한 꿈과 슬픔 그리고 갈등들을 발효시키는 작가만의 갈피가 있다는 확신이 든다. 이번 작품집은 김재희 수필가가 견뎌낸 상처들이 작가 특유의 문학적 부력을 지니고 떠오른 작품이 대부분이다.

어려서부터 병치레가 잦았던 나는 결국 치명적인 병을 앓게 되었다. 한참 결핵이 유행이었던 시절, 나는 그걸 비켜 가지 못하고 병들고 말았다. 빨간 피를 토해내는 나를 주위 사람들은 물론 식구들까지도 멀리했다. 독방이 만들어졌고 밥도 늘 따로 먹었다. 내가 쓰는 물건은 아무도 손대려 하지 않았고 행여 다른 사람

들이 알면 동생들 혼인길 막는다고 없는 사람 취급을
했다. 점점 사람들이 싫어졌다.

—「나는 장승이다」중에서

병마와 싸우느라 학업을 포기할 수밖에 없었던 마
음의 고통은 육체의 고통보다도 더 깊은 상처였다. 그
것은 세상을 보는 눈에 어둠을 드리운 길이 되었다.
 표면장력 상태가 되어버린 감정. 행여 그 위에 물 한
방울이라도 얹어지는 경우엔 무너져 내릴 것 같아 안
으로만 움켜쥐었던 숱한 날들. 나는 그렇게 환지통을
앓고 있었다.

—「길」중에서

김재희 수필가의 삶은 꽤 오랫동안 "환지통"에 잡혀 있
었던 듯하다. 김 수필가에게 환지통의 원인은 분명하다.
어렸을 적에 앓았던 결핵 때문에 사람들이 작가를 피하게
되고 나중에는 작가 스스로 사람들을 피하게 된다. "표면
장력 상태가 되어버린 감정, 행여 그 위에 물 한 방울이

라도 얹어지는 경우엔 무너져 내릴 것 같았다" 라는 표현에서 알 수 있듯이, 투병 시절 작가의 아슬아슬한 정서적 상태는 누군가가 눈길만 보태도 균형을 잃을 정도였다.

'환지통'은 이미 없어진 수족에서 느끼는 통증이다. 김재희 수필가의 고통의 원인도 이미 없어졌다. 의술의 도움으로 완쾌되기도 했거니와 김재희 작가만의 사유를 통해 어린 시절의 상처를 잘 발효시킨 것이다.

  그중 한쪽 구석에 이름표도 없는 밉상인 장승 하나가 눈길을 끌었다. 어찌 보면 못나서 사람들을 피해 구석 자리로 피해 있는 것 같고 어찌 보면 마치 다른 것들과는 상대하고 싶지 않다는 거만한 몸짓 같기도 했다.

           — 「나는 장승이다」 중에서

어린 시절의 상처는 작가가 풋풋하고 왕성하게 생의 밑그림을 그리던 시기에 커다란 변곡점이 되어 김재희 수필가의 삶을 바꾸어 놓았다. 또래들과 다른 길을 가야 하는 작가는 자신이 처한 환경에 밀려 결국에는 스스로 고립의 길을 선택한다. 사람들이 활동하는 낮에는 홀로 어두운 구석방에서 지내다가 사람들의 활동이 뜸해지는 저녁나절이 되어서야 비로소 바깥으로 나와 활동하는 생활을 한다.

> 저녁나절 살랑대는 바람에 마음 자락이 헛헛하다. 어려서부터 이맘때쯤이면 가끔 콧물을 훌쩍이곤 했다. 특별히 뭔가가 서러워서도 아니고 억울해서도 아니다. 그냥 아무 이유도 없이 막연히 허전하곤 했다. 그럴 때 위안을 받은 것이 있다. 화단에 핀 분꽃이었다. 온종일 입 다물고 있다가 저녁나절이면 봉긋이 피어나던 분꽃은 꼭 나를 향해 웃어주는 것 같았다.
>
> ―「분꽃」 중에서

어머니에게조차 위로받지 못한 상처를 김재희 수필가는 "분꽃"에게 위로받는다. 분꽃을 영어로 'four o'clock flower'이라고 표기하는 데서 눈치챌 수 있듯이, 오후에

늦게 피어서 다음 날 아침에 진다. 일반적인 꽃들은 해가 뜨면 활짝 피고 해가 지면 꽃송이를 오므려 닫는다. 마음껏 향기를 발산하고 꽃으로서의 아름다움을 누리던 꽃들이 꽃송이를 다 닫고 난 후에야 피어나는 분꽃처럼 김재희 수필가는 또래의 친구들이 마음껏 뛰어놀던 운동장과 학업을 함께하지 못하고, 사람들의 활동이 뜸해지는 저녁나절이 되어야 비로소 바깥으로 나올 수 있었다.

그런데 이상하게도 분꽃을 바라보고 있으면 마음이 안온해진다. 어린 시절 저녁나절을 생각하게 되고 그때의 감성이 되살아난다. 어머니의 냄새 같기도 하고 내 눈물의 흔적 같기도 하다. 어머니의 꾸중이 마냥 서럽기만 했던, 그 헛헛했던 날들의 기억이 왜 이런 감정으로 되살아날까. 참 알 수 없는 일이다.

— 「분꽃」 중에서

김재희 수필가는 결핵을 앓는 동안 인간 내면의 가장 캄캄한 곳을 차근차근 짚어가며 가장 건강한 정신으로 통과해 왔다. 순서도 없고 예고도 없는 생의 고통들은 우리들의 삶을 마음대로 변형시키고 우리를 가끔 무릎 꿇게도 하지만, 고통이 가진 방향성은 꼭 패배와 좌절 쪽으로만 향하지 않는다는 것이 확실하다.
  하루 내내 우울했던 작가가 저녁나절에 바깥에 나와 바라본 '분꽃'은 사람에게서 받을 수 없는 다른 차원의 위로가 되었을 것이다. 또한 분꽃의 개화 시간과 작가의 활동 시간이 맞물리며 작가는 분꽃에게 동지적 친근함을 느꼈을 것이다.

    그러다 보니 나에게 외로움은 오히려 좋은 친구처럼 나를 편안하게 했다. 그때로부터 나는 홀로 살아가는 방법을 알았고 홀로여도 결코 외롭지 않는 삶을 살게 되었다. 그래서 지금도 홀로 있는 생활이 좋다. 혼자 생각하고 혼자 여행하는 것을 좋아한다. 그 어느 것에도 방해 받지 않는 나만의 세계에 빠져 산다.
                            — 「나는 장승이다」 중에서

내 굴곡의 각도만큼 상대방의 굴곡이 보인다. 그러기에 서로 주고받는 말이 없어도 상대를 이해하고 공감할 수 있는 조용한 소통을 하기도 한다. 어쩌면 겉으로 수다스러운 관계보다 더 진한 관계가 형성된 것인지도 모른다.

―「민들레 홀씨 되어」 중에서

김재희 작가 스스로 "환지통"이라고 서술했듯이, 작가를 괴롭히던 과거는 이미 지나가서 이제는 없는 것이다. 마음속 어딘가에 붙들고 있던 상처는 작가 스스로 붙들고 있는 허상에 불과했기에 작가의 깊은 사유와 다스림을 통해 작가는 상처가 지닌 배면을 읽어낸 것이다. 이런 깨달음은 "상대의 굴곡"을 볼 줄 알고 "공감할 수 있는 조용한 소통"이 가능한 경지로 작가를 치올린 것이다.

관계, 균열과 창조의 등가성

과거의 상처와 슬픔을 현재의 깨달음에 이르는 동력으로 사용한 김재희 수필가의 삶의 철학이 오롯한 작품들은 전술한 작품들 말고도 여럿이 더 있다.

> 스치고 지나가는 바닷바람에 할퀴고, 뒹구는 모래알에 부딪히고, 쏟아지는 햇살에 데어 상처를 입기도 했다. 가만가만 다가가 귀 기울여 보면 몸살 앓는 소리가 들린다.
> 지나가는 배 한 척 없고 끼룩거리는 갈매기 한 마리 없는 적막한 바다. 해당화와 나만이 나누는 감정이 빈 해변을 채운다. 알 수 없는 서러움에 울먹이는, 아파도 아프다고 말하지 못하는, 행여 상처 입을까 미리 마음 닫아버리는 감정. 해당화에서는 그런 감정이 느껴진다.
> ―「해당화」 중에서

바닷가의 해당화에 작가 자신을 대입하여 서술한 문장이다. 해당화는 "스치고 지나가는 바닷바람에 할퀴고, 뒹구는 모래알에 부딪히고, 쏟아지는 햇살에 데인 상처"들로 가득하다. 해당화 역시 위로받지 못한다. 해당화가 피어 있는 바닷가에는 "배 한 척 없고", "갈매기 한 마리 없"

다. 상처투성이의 작가가 어머니에게조차 위로받거나 배려받지 못하는 처치가 바로 연상된다.

"몸살 앓는 소리"를 내는 해당화와 병마에 사로잡혀 "서러움에 울먹이"는 김재희 수필가가 한 화면에 겹쳐진다.

"행여 상처 입을까 미리 마음 닫아버리는 감정"을 지니고 살며 마음의 빗장을 닫아건 채 "그저 가소로운 세상이라고 무시해버리고"(「그림자로 보는 동양화」 중에서) 살던 작가와 해당화의 감성적 합일이 일어난다. 닫힌 마음이 열리기 시작한 것이다.

상처를 공유한 관계 사이에서는 건전한 균열이 생긴다. 이런 균열은 생의 전환점이 되기도 하고 창조의 밑돌이 되기도 한다. 살려고 몸부림치는 해당화와 상처를 벗어나려고 고투하는 김재희 수필가는 서로에게 스며들어 세상으로 나아갈 통로를 확보한 것이다.

그렇게 살고자 몸부림치는 생명을 아무 가책도 없이 쓰레기통에 버렸다고 생각하니 왠지 마음이 개운치가 않다. 해충이어서 없애는 것도 아니고 필요해서 이용하는 것도 아닌, 그저 잠시 눈요기하자고 가져와서 아무런 이유 없이 생명들을 무자비하게 버렸다는 사실 때문에 곤충 운운하는 나 자신의 의식이 모순처럼 느껴졌다.

　나머지 도토리 속에서는 또 다른 생명이 꿈틀대고 있을 것 같아 싸 들고 산으로 향했다. 내겐 별 필요 없는 것이니 산 짐승의 밥이 되든지 도토리거위벌레의 생명을 키우든지 제 몫을 하라고 다시 산속으로 돌려놓았다. 세상에 존재하는 모든 생물은 각자 있어야 할 자리에 있어야 그만한 가치가 있는 것인 듯싶다.

　새삼 내 자리에 대한 가치를 생각해 본다.

―「자리의 가치」 중에서

　김재희 수필가가 산에서 도토리를 주어온 다음에 일어난 일에 관한 이야기다. 집에 돌아와 접시에 놓아둔 도토리에서 벌레들이 꿈틀거린다. "징그럽기도 하고 그냥 놔두기 뭐해서 휴지로 싸 쓰레기통에 버"렸다.(「자리의 가치」 중에서) 작가는 이내 "아무런 이유 없이 생명들을 무자비하게 버"린 행위에 대해 후회한다.

"무던히도 몸부림을 치면서 돌파구를 뚫"(「자리의 가치」중에서)던 애벌레가 작가 자신의 고투와도 닮아있다는 생각에 연민을 느낀 듯하다.

김재희 수필가는 "세상에 존재하는 모든 생물은 각자 있어야 할 자리에 있어야" 한다는 사실을 새삼 깨닫는다. 이런 사유는 작가의 내면으로 향하는 방향성을 가지면서 "자리에 대한 가치를 생각"한다.

자연과 벗하는 동안 자연에서 얻는 깨달음이 김재희 수필가의 생에 대한 자세를 바꾸어 놓는 기제가 된 작품들은 이 외에도 아주 많다.

바닷물은 출렁이는 물결이 있어야 살아 있는 바다가 되는 것이고 하늘은 검은 구름이 있어야 맑은 하늘의 존재가 드러나는 법 아니던가. 세상사 힘든 일에 마음 괴로운 일을 겪어 보아야 평온함의 진실과 삶의 가치를 제대로 알 수 있으리라는 생각이 든다. 그러니 그동안 살아온 일들에 대해 그리 애석한 마음을 품지는 말아야겠다. 더러는 좋은 일도 있었으니 그것으로 상쇄하면 좋을 것이다. 좋았던 일과 상심했던 일들을 놓고 저울질하지도 말아야 하리라. 아직 남은 생이 있으니 그날들에 희망을 걸어 보기로 하련다.
— 「언덕폭포」 중에서

바닷물을 바라보는 김재희 수필가의 시선이 여과 없이 드러난 작품이다. 생의 어두운 터널을 힘겹게 통과한 작가는 자연과 교감한다. 사람에게서 받지 못한 공감과 위로를 받으며 삶의 원칙을 깨닫는 경지에 이른다.
한 사람의 일생에서 "출렁이는 물결"과 "검은 구름"은 생의 "괴로움"과 병마를 비롯한 상처들이었을 것이다. 이것들은 "바다"나 "맑은 하늘"과 대비를 이루며 일상의 "평온함의 진실"과 "삶의 가치"를 더 잘 드러나게 하려는 작가의 문학적 장치다. 김재희 수필가는 그간의 자기 삶에 대해 "애석한 마음"이나 "좋았던 일과 상심했던 일" 사이의 "저울질"도 멈추었다. 그리고는 남은 날들에 "희망을 걸어 보기로" 한 것이다.

김재희 작가의 삶에 대한 자세 변환은 다음 글에서도 아주 잘 나타난다.

> 순방향과 역방향, 우리가 살아가는 방식에도 두 가지 방식이 교차한다. 순방향인 날일 때는 행복한 마음일 것이고 역방향인 날일 때는 힘들고 어려울 것이다. 그렇지만 어찌 좋은 날만 이어질까. 때론 마음 아프고 고생스러운 날도 있지 않던가. 그래도 그런 것들을 꼭 나쁘게 생각하지만은 않는다. 어려움을 겪어 봐야지만 좋은 일이 더 값지게 느껴진다고 생각한다. 부족한 것에 대한 어려움을 모른다면 아무리 풍족해도 풍족함의 가치를 알지 못하는 법이다. 하지만 이왕이면 순방향의 날들이 많기를 바란다.
> ― 「산책길에서」 중에서

생에 대한 이런 변환은 삶의 고통과 상실, 패배와 상처 등과 삶의 희망과 기쁨 위로나 평온함 등이 서로 상관관계가 있다는 것을 예리하게 포착해 낸 작가의 사유가 기저에 깔려 있다.

　김재희 수필가의 작품이 빛나는 이유는, 전술한 것처럼, 이유도 없고 순서도 없고, 예고는 더더욱 없이, 쳐들어오는 생의 균열에 또 다른 얼굴이 있다는 것을 독자에게 잘 전달하고 있다는 점이다. 살면서 받은 상처들이 사고를 전환하는 기회가 되고 창조의 디딤돌이 되게 하는 생의 필연적인 장치라는 사실을 독자에게 손실 없이 전달하는 능력이다. 이 과정에서 힘주어 주장하지 않고 애써 강요하지 않고 그저 나긋한 봄비처럼 속삭여 김재희 수필가의 작품을 읽는 독자는 어느덧 작가의 언술에 스며들고 있다는 것이다.

>　선과 각도를 살리며 이리저리 구성을 맞추다가 한 가지가 뚝 부러져 버렸다. 그냥 생긴 대로 꽂았으면 좋았을 텐데 괜히 멋진 선을 만들어 본다고 무리하게 휘다가 생긴 일이다. 다행히 아주 끊어진 것은 아니어서 조심스레 테이프를 붙여 떨어지지 않게 고정을 시켜 놓았다. 가지 끝까지 물이 오를까 싶어 자주 눈길이 갔

다. 그런데 염려한 것과는 달리 별 무리 없이 꽃을 피
웠다. 부러진 가지라서 조금 어설프긴 하지만 충분히
제 생을 사는 것이 대견하다.
　　　　　　　　　　　　—「동병상련」중에서

어디 김재희 수필가뿐이랴! 자기 나름의 환지통을 꼭
껴안고 절대 놔주지 않는 사람이 의외로 많다. 잊지도 않
고, 놓아주지도 않고, 되새기고, 곱씹으며, 스스로 고통
의 나락으로 들어가는 것이다. 이미 흘러간 버린 강물이
지금 흐르는 강물이라고 착각하는 어리석음에서 벗어나
지 못하는 것이다.
　"부러진 가지"가 "별 무리 없이 꽃을 피"우며 "충분히 제
생을 사"는 일에 "대견"해하는 작가의 글 속에서 우리는
과거의 환지통을 완전히 벗어난 작가를 다시 보게 된다.

　아무리 두드려도 깨지지 않을 것 같은 철벽 앞에서
　통곡을 한다. 눈물 한 방울 없는 통곡이다. 어릴 적
　숨어서 울던 때의 눈물이 그립다. 그때는 어머니의 딸

이 아닐지도 모른다는 서러운 눈물이었고 이제는 어머니의 딸이 아니고 싶은 독한 통곡이다. 부모와 자식 간에도 있다는 악연이, 그런 딸이 아니고 싶은 처절한 통곡이다.

— 「반란」 중에서

원망으로 가득하였던 어머니와의 관계를 회복하려는 "처절한" 노력이 엿보이는 작품이다. "절대 가까이에서 살아서는 안 된다"(「반란」 중에서)라는 노스님의 충고보다는 "맏이로서의 책임"(「반란」 중에서)과 어머니에 대한 인간적 관계를 회복하려는 마음을 따라 작가는 "혼자 계시는 어머니"(「반란」 중에서)를 곁으로 모셔 온다.

친한 친구 같은 모녀도 너무 가까이 밀착되어 살면 이런 저린 일로 서로 불편한 적이 많다. 하물며 지난 시절의 원망과 서운함으로 어색하고 데면데면하기까지 한 어머니를 가까이 모시는 일은 어려운 수행에 가깝다. 이런 작가의 노력은 헛되지 않았다.

할 일이 많아도 조금씩 여유 있게 처리하고 사람들
과의 관계도 좀 모자란 듯 뒤로 물러나는 아량을 품어
야겠다. 남은 생은 그렇게 정갈하게 다듬어 보리라
그러다 보면 나도 거실 바닥에 그려진 동양화 속에
한 획으로 남을 수 있지 않을까?
─「그림자로 보는 동양화」중에서

김재희 수필가가 앞으로의 생을 "여유 있고" "아량을 품"고 "정갈하게" 살고 싶다고 서술해 놓은 문장이다. 그동안 겪어낸 모든 풍랑과 고통과 원망과 상처가 헛되지 않아 김재희 수필가는 자신의 상처에서 촉발되는 생이 한층 더 깊어지고 넓어지고 따듯해지게 만든 것이다.

문학, 다음으로 가는 밑돌

『장자』「천하편」에 "해는 중천에 떠오르면서 기울기 시작하고, 사물은 태어남과 동시에 죽어간다"라는 말이 있다. 이 말은 상처와 원망에도 예외 없이 적용되어 김재희 수필가의 불붙은 듯 들끓었던 분노도 가라앉고 저밀 듯이 아팠던 상처도 치유되기 시작한다.

　　지금 이 시점에서 나에게 삶의 가치를 부여해 주는 것은 글쓰기이지 싶다.
　　　　　　　　　　　　　　　— 「돌탑을 쌓으며」 중에서

　상처를 훌훌 털어버린 김재희 수필가는 이제는 "글쓰기"에서 "삶의 가치"를 찾는다. 방향 전환이다.

　　구봉산을 만나러 가는 길은 결코 만만하지가 않았다. 처음 시작이 순하다 해서 그렇게만 보면 안 될 일이었다. 한발 한발 올라가는 발걸음은 고도가 달라지면서 속도가 달라지고 숨 고르기도 달라졌다. 그래도 뭔가를 향한 기대는 다음 단계로 이어주는 연결점이다.
　　첫 봉우리는 건너다만 보았다.
　　　　　　　　　　　　　　　— 「8봉을 건너다」 중에서

　「8봉을 건너다」는 산행을 즐겨하는 김재희 수필가가 "구봉산"에 오르는 과정을 묘사해 놓은 작품이다. 산에 오르는 과정은 종종 삶을 살아가는 과정으로 비유된다. 필자는 김재희 수필가의 이 글을 읽으면서 "구봉산"을 오르는 과정을 '문학인'이 되는 과정으로 치환하여 읽었다.

"뭔가를 향한 기대"는 '문학을 향한 기대'로 읽으면서 "첫 봉우리는 건너다만 보"는 행위 자체를 문학이라는 광장에 선뜻 들어서지 않고 김재희 수필가 나름대로 가늠해 보는 과정으로 읽었다.

    환한 보름달에서 서서히 기울어 하현달이 되었다가 급기야 어둠에 묻히기도 했다. 그래도 그 끈을 놓지 못했다. 끙끙대면서도 뭔가를 끄적거렸다. 어쩌면 그것이 내 안에 담겨있는 문학을 향한 끼였던가 싶다. 어려움 속에서도 무언가 얻으려는 몸부림은 결코 헛되지 않았다.

                   — 「애물단지를 껴안고」 중에서

문학이라는 "애물단지를 껴안"은 김재희 수필가는 글줄

이 생각대로 엮이지 않아 "끙끙대면서도 뭔가를 끄적거"리면서 더 좋은 글을 쓰고자 "몸부림"친다. 김재희 수필가의 문학을 향한 의지와 좋은 글을 쓰고자 하는 고뇌는 "헛되지 않"아서 수필가로서의 어느 정도 위치를 확보하게 된다.

    세 번째 봉우리에서 조금 자연스러움을 느낀다. 정갈한 계단보다는 어설픈 밧줄 하나에 내 몸을 맡겨 보는 것도 싫지 않은 기분이다. 참 묘하다. 힘은 더 드는데 마음은 계단을 이용하는 것보다 평온해진다. 거칠다고 다 나쁜 감정은 아니다 싶다. 미끄러지지 않으려 바닥에 몸을 더 바짝 붙여 기다 보니 바위 사이에 자리 잡은 잡초가 눈에 들어온다. 가녀린 잡초가 아주 작은 꽃을 피웠다. 허리를 굽히지 않았다면 그 꽃을 볼 수 있었을까. 때론 저 자세로 살면서 모르고 지나갈 뻔한 일들을 챙겨보는 일도 좋다.

                                ─ 「8봉을 건너다」 중에서

"세 번째 봉우리"에 도달한 김재희의 수필은 이미 익숙한 방식인 "정갈한 계단"보다는 자기만의 방법을 찾아 "어설픈 밧줄"을 선택한다. "허리를 굽히"는 "저 자세로" 사는 삶을 선택한 것이다. "힘은 더" 들지만, "바위 사이 자리 잡"은 "가녀린 잡초"가 열심히 피워낸 "아주 작은 꽃"을 만난다.

세상의 "아주 작은 꽃"에게 눈 맞추는 일은 문학인이 반드시 해야 할 문학적 책임이고 의무다. 이런 과정을 수행해 낸 김재희 수필가의 작품 활동은 이제 풍요로워진다.

글쓰기에 대한 욕망이 점점 커지면서 내가 쓰는 글이 과연 글 속에 끼이기나 할까 하는 의구심이 들었다. 내 글에 대한 평가를 받아보고 싶어서 여기저기 응모를 해 보았다. 다행히 좋은 성적을 얻게 되었고 그에 대한 평들이 호의적이어서 점점 글쓰기에 자신감이 생겼다.

— 「내 문학의 출발점」 중에서

열심히 수필 창작을 하던 중에 작가 스스로 작품에 대한 평가를 받아보고 싶은 호기심이 일어난다. "여기저기 응모를"하는 중에 "좋은 성적"으로 신춘문예에 당선되면서 김재희 수필가는 "점점 글쓰기에 자신감이 생"긴다. 이 자신감은 김재희 수필가가 꾸준히 좋은 수필을 써내는데 아주 든든한 밑돌이 되어준다.

> 그냥 글을 쓰는 것과 글쓰기를 즐기는 것은 크게 다른 느낌일 것이다. 의무감에 쓰는 글이기보다는 되도록 즐기는 문학인이 되고 싶다. 내 안에서 느끼는 작은 감정 하나라도 글의 소재가 된다면 꼭 좋은 글이 아니어도 좋겠다 싶다. 생동감 있고 현실감 있는, 살아 있는 글을 쓰고 싶다.
> ―「즐기는 문학인」 중에서

김재희 수필가는 "되도록 즐기는 문학인이 되"려고 한다. 작가의 마음 안에서 "느끼는 작은 감정 하나라도" 오롯하게 누려서 "글의 소재"가 되도록 하려고 한다. 어느 한순간이라도 문학을 떠나지 않으려는 작가의 자세가 그대로 느껴지는 서술이다.

> 지금은 여러 단체에서 문학 활동을 하고 있다. 그러다 보니 대인 관계도 좋아졌고 각각의 문학단체에서 맡은 임무에 충실하려고 노력한다. 이것이 사회생활에도 도움이 된 듯하다.
> 그러다 누군가에게 배워서 읽히고 터득한 생활을 하게 되었으니 나도 그 보답을 해야겠다는 생각이 들었다.
> ―「내 문학의 출발점」중에서

또한, "문학단체에서 맡은 임무에 충실"한 문학인이 되고 싶어 한다. 열심히 글을 쓰는 일도 중요하지만, 문단 행정도 무시할 수 없다. 하나의 문학단체가 운영되려면 그에 수반하는 인적자원도 필요하다. 김재희 수필가는 문학단체의 중요함도 이미 깨달아 그에 상응하는 노동력과 시간을 기꺼이 제공하는 진정한 문학인으로서의 자세를 견지하고 있다.

글을 마치면서 첨언하고 싶은 말이 있다. 김재희 수필가의 작품에서 유난히 눈에 띄는 단어가 있다. "촉촉하다"이다. 작가가 의도하지 않았어도 작가의 의중을 끌고 나오는 것이 바로 작가가 작품 안에서 자주 사용하는 단어다. 아래에 인용한 작품들 이외에도 여러 군데에서 '촉촉하다'라는 단어를 발견할 수 있다. (아래 인용 문장의 밑줄은 필자가 임의로 그었음을 밝힌다)

> 마음 한구석 그런 <u>촉촉한</u> 감정이 있었기에 내 주위의 사람들과도 따뜻한 정을 나눌 수 있었으리라.
> ―「하얀 그림자」중에서

> 새삼 내 마음을 비춰보지도 못한 우둔함이 아쉽다. 엎질러진 물이었다. 그런데 아이러니하게도 그 엎질러진 물이 늘 내 마음 한구석을 <u>촉촉</u>이 적시고 있었다.
> ―「모래밭」중에서

> 젖은 모래가 더 단단하다.

그러고 보니 내 마음도 저렇듯 젖은 모래인 듯싶다. 내 마음을 촉촉하게 해준 무엇인가가 존재하고 있었기에 내 생을 잘 견디어 내고 있었는지도 모른다. 참 감사한 일이다. 그런 존재가 있다는 것에 감사하고 나 혼자 조용히 즐길 수 있다는 것에 감사하다.

― 「모래밭」 중에서

자신의 의지와 상관없이 주어진 외로운 싸움을 하는 동안 김재희 수필가에게 세상은 사막과 진배없었을 것이다. 작가 스스로가 고립의 시간을 견디면서 무엇보다도 사람과 사물과의 관계에 '촉촉함'을 바랐을 것이다. "젖은 모래가 더 단단하듯"이 눈물에 젖어보았던 김재희 수필가의 문학적 성과는 더 단단해졌고, 자연을 바라보는 시선과 사람 사이의 관계도 더 단단해졌다.

자꾸 삭막해져 가는 마음 구석에 오롯이 남아 촉촉함을 유지해 주고 있다. 사람의 감정이란 꼭 좋은 것만을 생각하고 싶은 것은 아닌가 보다. 마음 아픈 상처도 나름대로 기억하고 싶은 일일 것이다. 아픔이 있었기에 다른 일들이 고맙게 느껴지기도 하고 살아갈 힘이 생기기도 하는 것 같다.

— 「분꽃」 중에서

'분꽃'은 꽃자루가 유난히 길다. 그러다 보니 분꽃은 아주 가녀리고 긴 목을 지닌 사람처럼 보이기도 한다. 분꽃을 볼 때마다 저렇게 가녀리고 여린 꽃자루에서 그렇게 단단하고 굵은 씨앗이 어떻게 만들어지는지 궁금하고 신기했다.

상처를 견뎌낸 김재희 수필가는 '분꽃'처럼 단단하고 굵은 씨앗 같은 결실인 이번 수필집 『분꽃』을 우리 앞에 내놓을 수 있는 것이다.

위에 인용한 작품의 "아픔이 있었기에 다른 일들이 고맙게 느껴지기도 하고 살아갈 힘이 생기기도 하는 것 같다"라는 문장은 김재희 수필가의 작품집 『분꽃』의 중심 문장이 아닌가 싶다.

김재희 수필가는 성장 과정에서 예고 없이 쳐들어온 병

마에 잡혀 틀어졌던 삶의 정신적인 기율들을 문학이라는 장치를 통과하면서 제 자리로 돌려놓는다. 상처의 방향성은 병마에서 어머니로, 어머니에서 사람들로, 사람들에서 문학으로, 유동하며 잘 익히고 푹 삭혀 문학적 자양분이 된다. 작가가 공들여 발효시킨 환상 통증은 드디어 작가의 문학적 부력과 등가성을 갖게 된다.

  김재희 수필가의 이번 작품집에는 제한적 지면 때문에 거론하지 못한 좋은 작품들이 많다. 놓치기 아까운 서사와 깨달음이 곳곳에 담겨있다. 차곡차곡 찾아 읽어보시기를 권한다.

김재희 수필집

인쇄 2025년 11월 01일
발행 2025년 11월 05일

지은이 김재희
발행인 서정환
펴낸곳 수필과비평사
주소 서울시 종로구 삼일대로 32길 36(익선동 30-6 운현신화타워 빌딩) 305호
전화 (02) 3675-3885 (063) 275-4000
팩스 (063) 274-3131
이메일 essay321@hanmail.net
출판등록 제300-2013-133호
인쇄·제본 신아문예사

저작권자 ⓒ 2025, 김재희
이 책의 저작권은 저자에게 있습니다. 서면에 의한 저자의 허락 없이 내용의 일부를
인용하거나 발췌하는 것을 금합니다.
COPYRIGHT ⓒ 2025, by Kim Jaehuio
All right reserved including the rights of reproduction in whole or in part in any form.
저자와 협의, 인지는 생략합니다.
잘못된 책은 바꿔 드립니다.

ISBN 979-11-5933-608-9 (03810)
값 13,000원

Printed in KOREA